DAS RÖMISCHE KONSTANZ UND SEIN UMFELD

HANS STATHER

DAS RÖMISCHE KONSTANZ

UND SEIN UMFELD

STADLER VERLAGSGESELLSCHAFT MBH KONSTANZ

Stadler Verlagsgesellschaft mbH Konstanz 1989

Umschlaggestaltung Gisela Grösch

Copyright by Verlag Friedr. Stadler,
Inh. Michael Stadler, Konstanz

ISBN 3-7977-0170-5

Die Bildvorlagen für die Abbildungen Seite 78 und 161–167 wurden uns vom
Rosgartenmuseum zur Verfügung gestellt; die Stadtplan-Vorlage für die Abbildungen 3, 9
und 11–19 erhielten wir vom Vermessungsamt Konstanz.

Brigitte
in Dankbarkeit zugeeignet.

Das ist der Sinn von allem, was einst war,
daß es nicht bleibt mit seiner ganzen Schwere,
daß es in unserem Wesen wiederkehre,
in uns verwoben, tief und wunderbar.

Rainer Maria Rilke

INHALT

Vorwort

Theodor Mommsen wies im Vorwort zum 5. Band seiner »Römischen Geschichte« im Jahre 1885 darauf hin, daß die Phantasie wie aller Poesie so auch aller Historie Mutter sei. Ohne phantasievolle Suche nach Antworten kann alte Geschichte nicht geschrieben werden, zumal recht oft literarische, epigraphische und eindeutige archäologische Quellen fehlen. Mommsen forderte aber auch im Jahre 1869 in seinem Nachruf auf Otto Jahn, daß keine Lücke der Überlieferung oder des eigenen Wissens übertüncht werden dürfe. Gerade dieses geschieht aber nicht selten, und so entstehen die »factoids«, wie es Franz Georg Maier einmal nannte, Spekulationen und Vermutungen, die plötzlich als Tatsachen in Erscheinung treten. Heimatforscher, in letzter Zeit aber auch vermehrt seriöse Wissenschaftler suggerieren Tatsachen, die sie nicht belegen können. So entstand seit dem 19. Jahrhundert auch von der römischen Vergangenheit von Konstanz ein Wunschbild, das sich längst verfestigt hat und immer wieder weitergeschrieben wird. Niemand nahm sich mehr die Zeit, die Fakten nachzuprüfen und Befunde kritisch zu würdigen. Erst durch meine Forschungen in den Jahren 1981 bis 1985 entstand dann nach Prüfung allen Materials ein dem heutigen Wissensstand entsprechendes, gewandeltes Bild des römischen Konstanz. Es kamen inzwischen einige neuere archäologische Befunde in der Niederburg hinzu, doch ergab sich daraus keine Korrektur meiner Arbeiten.

Im vorliegenden Buch werden Erkenntnisse meiner Studie über »Die römische Militärpolitik am Hochrhein unter besonderer Berücksichtigung von Konstanz« verwertet. Ich danke an dieser Stelle dem Hartung-Gorre Verlag Konstanz, daß er dies gestattete. Das Buch wurde für den interessierten Laien geschrieben, für den oft die Vielfalt der Publikationen nicht zugänglich oder deren Erwerb finanziell nicht möglich ist. Gerade aber wenn es um Regional- oder Stadtgeschichte geht, sollte der Bürger an neuen Forschungsergebnissen teilhaben können.

Auf einige Anmerkungen wollte ich nicht ganz verzichten, doch bin ich damit sparsam umgegangen. Ebenso wurde auf ein Literaturverzeichnis verzichtet. Die getroffene Auswahl bei den Anmerkungen weist den Interessierten auf weitere Informationsmöglichkeiten hin.

»Das wahre Studium der vaterländischen Geschichte wird dasjenige sein, welches die Heimat in Parallele und Zusammenhang mit dem Weltgeschichtlichen und seinen Gesetzen betrachtet, als Teil des Weltganzen«, schreibt Jacob Burckhardt in »Weltgeschichtliche Betrachtungen« und fährt an anderer Stelle fort: »Und nun gedenken wir auch der Größe unserer Verpflichtung gegen die Vergangenheit als ein geistiges Kontinuum, welches mit zu unserem höchsten geistigen Besitz gehört.« Gerade in unserer heutigen Zeit gilt es bei uns wieder Geschichtsbewußtsein zu wekken, aus dem Erbe der Geschichte zu schöpfen und es in unser Sein einzubeziehen. Das Buch versucht, ältere Regionalgeschichte etwas näher zu bringen, vor allem aber die frühe Geschichte der Stadt wieder bewußt zu machen. Allerdings geschieht dies ohne die phantasievollen Schnörkel, die ihr nur zu oft beigefügt wurden. Durch eine Unzahl von Publikationen bis in die neueste Zeit, Zeitungsartikeln und Prospekten wurde das römische Konstanz in eine Dimension gehoben, die so nicht haltbar ist. Nicht das Nachschreiben früherer Aussagen ergibt das Bild der römischen Siedlung, sondern nur die kritische Prüfung vorhandener Fakten. Es liegt ein großes Erbe unter den Straßen und Häusern dieser Stadt, antikes wie vor allem mittelalterliches, wie sich gerade in den letzten Jahren immer wieder zeigte. Dieses Erbe gilt es zu bewahren, wobei dann die bedeutende Geschichte dieser Stadt nicht geschmälert wird durch die Feststellung, daß sich die römische Vergangenheit nicht – sicher auch nicht annähernd – mit der glanzvollen mittelalterlichen Geschichte von Konstanz vergleichen läßt. Die römische Stadtgeschichte strahlt nicht wie die mittelalterliche über die Grenzen hinaus und sicher war es nicht so, wie Otto Feger vermutete, daß man wußte, wo Konstanz lag. Diese nicht so bedeutende römische Stadtgeschichte ist trotzdem Teil unserer Geschichte, unseres Seins. Wir sollten diese Erkenntnis annehmen.

Die Kapitel über die Topographie und über die historischen Vorgänge im nördlichen Alpenvorland sind für das Verständnis der Gesamtbeurteilung wichtig und stellen darüber hinaus Konstanz in sein historisches Umfeld, die damaligen Strömungen und Ereignisse. Nur so sind Analogien besser zu erkennen und einzuordnen. Leider wurde bisher die römische Geschichte des Bodenseeraumes in der Literatur nur immer gestreift – und dies oft nur mit nicht belegbaren Thesen. Mit der vorliegenden Publikation soll zumindest einmal damit begonnen werden, diese Lücke zu schließen.

Zu danken habe ich erneut den Herren Dr. Gerhard Fingerlin (Freiburg), Dr. Jörg Aufdermauer (Singen), Dr. Jörg Bürgi (Frauenfeld, Schweiz) und dem Stadtarchiv Konstanz für Gesprächsbereitschaft und Hinweise. Ebenso danke ich Frau Dr. Judith Oexle (Stuttgart) für einige Informationen über neuere Ausgrabungen in Konstanz. Mein Dank gilt ferner dem Verlag Stadler (Konstanz) für Unterstützung und Anregungen. Ganz besonderen Dank schulde ich Herrn Oberbürgermeister Dr. Horst Eickmeyer und Herrn Landrat Dr. Robert Maus, MdL, die die Veröffentlichung dieses Buches ermöglichten.

Konstanz, Januar 1989   Hans Stather

Zeittafel

15 v. Chr.	Besetzung des nördlichen Alpenvorlandes durch die Stiefsöhne des Augustus, Drusus und Tiberius
etwa um 25–30 n. Chr.	Einsetzen der römischen Besiedlung von Konstanz
etwa um 50	Befestigung der oberen und obersten Donau durch Claudius
69	Helvetieraufstand
etwa um 100	Auflassung des Legionslagers Vindonissa
213	Erstes Auftreten der Alamannen
233	Alamannen durchbrechen den obergermanisch-rätischen Limes, Vorstoß in das bayerische und oberschwäbische Alpenvorland
242/44	Erneute Alamanneneinfälle in Rätien
253	Alamannenvorstoß nach Osträtien und Noricum
259/60	Alamannensturm über den Ober- und westlichen Hochrhein und Vorstoß bis Mailand
268	Ermordung von Kaiser Gallienus. Claudius II. Goticus siegt in den zwei Jahren seiner Herrschaft über die Goten an der unteren Donau und über die Alamannen am Gardasee.
270	Alamannen und Juthungen siegen bei Platencia über die Römer; Sieg Aurelians bei Fano
271	Einfall der Alamannen in die Nord- und Ostschweiz

Bemerkungen zu einer vorrömischen Siedlung

Während aus der Umgebung von Konstanz, vorwiegend auf dem Bodanrück, zahlreiche und sehr bedeutende Funde aus der Hallstattzeit vorliegen, gibt es für diese Zeit keinerlei Hinweise auf eine landgestützte Siedlung in Konstanz. Auch für die frühe und mittlere La-Tène-Zeit liegen keine Funde vor. Für die spätkeltische Zeit gab es mit Ausnahme weniger Scherben, vorwiegend aus dem Bereich St. Johann und einige wenige vom südlichen Münsterhügel, ebenfalls keinen Nachweis einer Siedlung. Obwohl Otto Feger die Ansicht vertreten hatte, daß sich auf dem Gebiet der Niederburg eine keltische Fährleute- und Fischersiedlung befunden habe, fehlte doch hierfür der Nachweis. Die Zahl der Funde war zu gering, um einen solchen Schluß zu ziehen, und die Scherbenfunde waren auch nie ausgewertet worden.

Neben diesem sehr bescheidenen Fundmaterial wurde im Jahre 1981 bei Durchsicht und Katalogisierung römischer Keramikfunde im Rosgartenmuseum[1] überraschend eine ganz erhebliche Anzahl spätlatènezeitlicher Keramikbruchstücke gefunden, die sich in Kartons für römisches Material befanden. Die Vielzahl dieser teilweise sehr typischen Keramikstücke wiesen nun doch recht deutlich auf eine spätkeltische Siedlung hin. Der Durchbruch zum wirklichen Nachweis gelang dann im Jahre 1984 durch eine Grabung in der Brückengasse 5–7 durch Judith Oexle, bei der spätkeltische Siedlungsspuren ganz einwandfrei nachgewiesen werden konnten. An einer spätlatènezeitlichen Besiedlung der Niederburg ist daher nicht mehr zu zweifeln. Noch liegt der wissenschaftliche Grabungsbericht nicht vor[2], doch darf man bereits heute darauf gespannt sein, denn die Befunde aus der Brückengasse haben ohne Zweifel der historischen Forschung über das frühe Konstanz neue Dimensionen eröffnet.

Über Zusammensetzung und Ausdehnung dieser Keltensiedlung kann heute noch nichts gesagt werden, vor allem ist die Frage noch offen, ob auch der Münsterhügel in seinem südlichen Teil, auf dem einige Funde gemacht wurden, ebenfalls in die Bebauung einbezogen war. Einen »Spitzgrabenfund« am südlichen Münsterhügel, auf den später noch näher ein-

zugehen ist, bereits heute schon gedanklich einer keltischen Viereck-
schanze, einem keltischen Heiligtum, zuzuordnen[3], ist jedoch abwegig.

Ungeklärt ist auch noch, ob sich diese frühe Siedlung auf Konstanzer
Boden mehr zum Rhein oder mehr zum See hin orientierte. So fehlen
trotz der ersten Siedlungsspuren in der Brückengasse, der Keramikfunde
und eines Münzfundes noch weiterführende Erkenntnisse. Für den Bereich der Konstanzer Keltensiedlung steht die Wissenschaft erst an einem
Anfang.

Die bisherigen Auswertungserkenntnisse der hier gefundenen keltischen Keramik durch R. Cordie-Hackenberg (Trier)[4], die das Fundmaterial in das ausgehende 2. bis zur Mitte des 1. Jahrhunderts v. Chr. datiert,
hinterließen eine Menge Fragen, die vor allem historisch gesehen für die
Übergangzeit vom Keltischen zum Römischen von großer Bedeutung
sind. Wenn auch noch weitere Funde erwartet werden dürfen (Stand:
1987), ergibt sich doch aus dieser Fundauswertung kein kontinuierlicher
Siedlungsübergang von der keltischen zur römischen Zeit. Aus dem bis
heute vorliegenden Keramikmaterial ist, allerdings noch sehr vorsichtig,
auf einen Siedlungsabbruch zu schließen. Dieser müßte vor Eintreffen der
Römer im Bodenseebereich im Jahr 15 v. Chr. erfolgt sein. Ein Grund dafür ist nicht zu erkennen, und deshalb muß man bei der Wertung des bisher vorliegenden Fundmaterials sehr sensibel an dieses Problem herange-
hen. Noch mag das heutige Auswertungsergebnis mit der geringen Fundmenge zusammenhängen, doch ist immerhin verwunderlich, daß bei weit
über hundert Scherben kein einziger darunter ist, der über die spätlatènezeitliche Tradition der Herstellung noch in römische Zeit weist, wie dies
andernorts oft der Fall ist. Allerdings liegen ähnliche Befunde wie aus
Konstanz auch aus spätlatènezeitlichen Siedlungen im bayerischen Voralpenraum vor. Dort wird dies mit germanischen Einfällen begründet, die
jedoch in dieser frühen Zeit für unser Gebiet auszuschließen sind. Zwar
haben sich kurz vor der Mitte des 1. Jahrhunderts v. Chr. die Helvetier
aus dem südlichen Neckarraum auf germanischen Druck hin zurückgezo-
gen, doch gibt es keine Überlieferung, daß südlich des Hochrheins und
des Bodensees eine germanische Gefahr drohte. Bricht die Siedlung in
Konstanz also tatsächlich ab, wie dies die heutigen Funde ausweisen, so
müssen andere Gründe vorgelegen haben.

Sollte bei weiteren Funden keine Siedlungskontinuität nachzuweisen sein, müßte über diese Gründe nachgedacht werden. Ausgehend vom heutigen Fundbestand und dem derzeitigen Wissen, helfen Spekulationen allerdings nicht weiter. Zwei Möglichkeiten bieten sich hier an: Entweder man findet noch das »missing link« und es kann über weitere Keramikfunde doch noch eine Kontinuität im Übergang zur römischen Zeit festgestellt werden, oder es müßte an eine Aufgabe der Siedlung im Rahmen einer weiteren Wanderung gedacht werden. Dies brächte dann den Siedlungsabbruch in die Nähe des Helvetierzuges im Jahre 58 v. Chr. Damals zogen die Helvetier nach Westen, nachdem sie, wie uns Caesar berichtet, zwölf ihrer Städte und ungefähr 400 Dörfer und alle Gehöfte abgebrannt hatten. Caesar konnte diesen Zug bei Bibracte (in der Nähe von Autun/ Burgund) nach harten Kämpfen anhalten und die Helvetier zur Umkehr bewegen. Für eine Arbeitshypothese reicht dies allerdings heute noch nicht aus; man wird sich in Geduld üben müssen. Es sind noch weitere Erkenntnisse zu sammeln, bevor man hier zu einer klaren Aussage kommen kann. Wesentlich bleibt, daß die Ausgrabungen in der Brückengasse die Geschichtsforschung über das vorrömische Konstanz einen großen Schritt weiter gebracht haben. Nach den reichen hallstattzeitlichen Funden klaffte bisher für die La-Tène-Zeit eine Siedlungslücke, die nun geschlossen werden konnte.

Die Topographie von Konstanz

Zunächst gilt es, die Ausdehnung des zur römischen Zeit zur Verfügung stehenden Siedlungsraumes, den militärischen Stellenwert der römischen Siedlung, den Gefährdungsgrad des Ortes im 1. und im 3. und 4. Jahrhundert, die Fundorte und die siedlungstopographische Einordnung des vorliegenden Fundmaterials zu beurteilen, sowie die Frage, ob sich ein Fund in Original- oder Sekundärlage befand, abzuklären. Dazu ist es zunächst notwendig, auf die Bodenbeschaffenheit und die Höhenschichtung einzugehen.

Die Kenntnis der von der Natur gezogenen Siedlungsgrenzen ist Grundlage für die Fundzuordnung und führte denn auch zu Korrekturen von Fehlinterpretationen, die durch Nichtbeachtung der geologisch-geographischen Struktur entstanden waren. Da sich durch Entwässerung, Planierungen und Aufschüttungen die topographischen Verhältnisse im Laufe der Jahrhunderte wesentlich verändert haben, wird versucht, den Zustand in römischer Zeit aufzuzeigen, soweit dies heute noch zu rekonstruieren ist und Anhaltspunkte dafür gegeben sind. Da auf die topographische Lage von Konstanz in diesem Buch immer wieder Bezug genommen werden muß, steht dieses Kapitel in einem engen Zusammenhang mit den angestellten Untersuchungen über das römische Konstanz. Die durch die Bundesanstalt für Wasserbau und das Tiefbauamt Konstanz durchgeführten Tiefbohrungen und verschiedene Einmessungen geben zur Beurteilung der alten Topographie wertvolle Anhaltspunkte und Erkenntnisse. Dasselbe gilt für alte Chroniken, für Berichte aus dem 19. Jahrhundert und Zeichnungen über den damaligen Uferrand und die seinerzeit noch nachweisbaren Feuchtgebiete. Eine weitere wertvolle Unterlage ist die Moorkarte für Baden-Württemberg – Blatt Konstanz –, aus der ausgezeichnete Erkenntnisse hinsichtlich der früheren Bodenbeschaffenheit gewonnen werden können.

Während die Bodenseelandschaft in der ausgehenden Würmeiszeit nach dem Rückgang des Rheingletschers und dessen Stillstandsphase bei Konstanz ihre endgültige Gestaltung erfuhr, war ein geologisches Grundmodell bereits am Ende des Tertiärs vorgegeben. Die durch die letzte Eiszeit erfolgte Ablagerung der Endmoräne und der Seitenmoränenwälle prägt die Umgebung und den Bereich der Stadt. So schiebt sich ein Moränenrücken von der südlichen Begrenzung der muldenartigen Konstanzer Ebene, die in ihrer Mitte vom Rhein durchflossen wird, in das Altstadtgebiet vor. Die Scheitellinie dieses Rückens verläuft im Zuge der Hussen- und Wessenbergstraße. Die Moorkarte zeigt im Kreuzlinger Raum eine Absenkung, und die Höhenschichtlinien weisen eine weitere, allerdings geringere Absenkung im Bereich Döbele- und Bodanstraße aus, während der Raum Stadelhofen wieder eine Schichthöhe von 400 Meter über NN hat. Die plateauförmig ausgebildete höchste Erhebung erreicht der Moränenzug am Münsterhügel. Dieser fällt im Osten steil zum See ab und auch im Süden, unmittelbar nördlich der Hofhalde, ist ebenfalls ein steilerer Abstieg festzustellen, wenn auch nicht so steil wie zum See hin. Im Westen gibt es zunächst eine stärkere, dann eine leichtere Neigung, die sich bis zum Gemeindehaus St. Stephan hinzieht. Nach Norden zu senkt sich das Gelände kontinuierlich zum Rhein hin ab. Da der Moränenrücken im Zuge der Hussen- und Wessenbergstraße sehr schmal ist, scheidet er für eine römische Bebauung aus. Es verbleiben als Siedlungsgebiet der Münsterhügel und Teile der Niederburg.

Der Münsterhügel besteht aus Alluvium[1], dessen Sand so stark gepreßt ist, daß er stellenweise der Molasse gleicht; darüber liegen Moränenschutt und teilweise auch Schmelzwassersande. Rechtsrheinisch schiebt sich eine tief anstehende schmale Moränenschwelle bis in den Raum Conrad-Gröber-Straße – Sternenplatz vor[2], die etwa für eine früher einmal angenommene Vorsiedlung, mit Ausnahme weniger Häuser an dem vermuteten Fährelandeplatz, keinen Raum bot. So war auch das Gebiet des früheren Petershauser Klosters, mit Ausnahme eines ganz schmalen Streifens im Ostteil der alten Kirche, für eine Siedlung ungeeignet. Beim Bau des Klosters im 10. Jahrhundert lag nach alten Quellen dort noch ein ausgedehntes Sumpfgebiet, das erst entwässert und aufgefüllt werden mußte[3]. Römische Funde in diesem Bereich können daher nicht mit einer rechtsrheinischen Vorsiedlung in Verbindung gebracht werden. Das dort lagernde Auffüllmaterial besteht zu einem großen Teil aus Schluff, der ziegel- und holzdurchsetzt ist, und darüber in Teilen auch aus Bauschutt. Das Ufergelände am nördlichen Brückenkopf (Sternenplatz) und die daran anschließende Seestraße wurden zum großen Teil erst im 19. Jahrhundert aufgefüllt, wobei am Sternenplatz, etwa ab Mitte des Platzes, eine mittelalterliche Bebauung lag, die sich auf die bereits genannte Moränenschwelle und teilweise auf Auffüllgelände gründete. Da auch linksrheinisch die Uferlinie gegenüber heute weiter nach Süden versetzt war, ergibt sich für die römische Zeit ein breites Flußbett mit dem entsprechenden Feuchtgebiet und mit einem typischen Niederungsbewuchs. Der Uferbereich westlich des Pulverturms, der Raum westlich der Laube, insbesondere aber das Gebiet der heutigen Fachhochschule, war Sumpfgebiet, das vorwiegend erst im 19. Jahrhundert entwässert und aufgefüllt wurde, nachdem durch den Bau eines Uferdammes, auf dem die Rheingutstraße liegt, der Rhein reguliert worden war. Erst nach Trockenlegung dieses Raumes stand das dortige Gebiet für eine Bebauung zur Verfügung. Schon im Mittelalter war das Gelände beim Vincentiuskrankenhaus für den Bau des Schottenklosters und später zusätzlich für die Anlage des Schottenwalls, einem Teil der Stadtbefestigung, aufgefüllt worden. Auch Geländeteile östlich der Laube wurden erst im Mittelalter aufgefüllt. Diese Erkenntnis ist für die Fundlage von besonderer Bedeutung.

Mächtige sand- und kalkhaltige Mergelschichten, durchsetzt von Bändertonen, die leicht Stauwasser bilden, sind im gesamten Stadtgebiet festzustellen, so u. a. im Bereich des Wollmatinger Rieds, entlang der Reichenaustraße, an der Seestraße, wo sie bereits in vier Meter Tiefe anstehen, wie auch in Teilbereichen der Altstadt. Vor allem westlich der Laube und im Bereich Rosgartenstraße – Augustinergasse finden sich umfangreiche Ablagerungen von Schnecklisanden, einem onkolithischen Krümelkalk. Dieses holozäne Sediment ist teilweise von Torfbändern durchzogen und daher ein nicht besonders günstiger Baugrund, was sich trotz Entwässerung und Auffüllung heute noch an der Feuchtigkeit mancher alter Keller im Paradies zeigt. Darüber hinaus markieren die Schnecklisande die früheren Feuchtgebiete, vor allem eben das ausgedehnte Sumpfgebiet im Westen der Stadt, aber auch in der Rosgartenstraße bis hin zum Hertie-Parkhaus (Abb. 1, 2 und 3).

Am Ostrand des Münsterhügels, dem See zu, liegen dicke Schichten schlammiger Seekreide, was sich bei der Anlage eines Abwassersammlers im Jahre 1984 deutlich zeigte. Vor der mittelalterlichen Auffüllung war auch dieses Gelände für eine Bebauung ungeeignet, da sehr schmal und dauernd hochwassergefährdet. Der Raum westlich der Konzilstraße im Bereich der Spitalkellerei und des Stadttheaters war dagegen für eine Bebauung geeignet. Ganz hochwasserfrei war dieses Gebiet allerdings auch nicht.

Durch den See, die bis in den Raum Niederburggasse reichende Rheinfront und die ausgedehnten Feuchtgebiete im Westen der Stadt ergab sich ein flächenmäßig kleiner Siedlungsraum, der darüber hinaus gleichzeitig aber hochwasserfrei war. Der so verbleibende Kern schließt die Niederburg südlich der Niederburggasse und den Münsterhügel ein. Im Westen kann eine römische Bebauung bis etwa zur Gerichtsgasse (wahrscheinlich

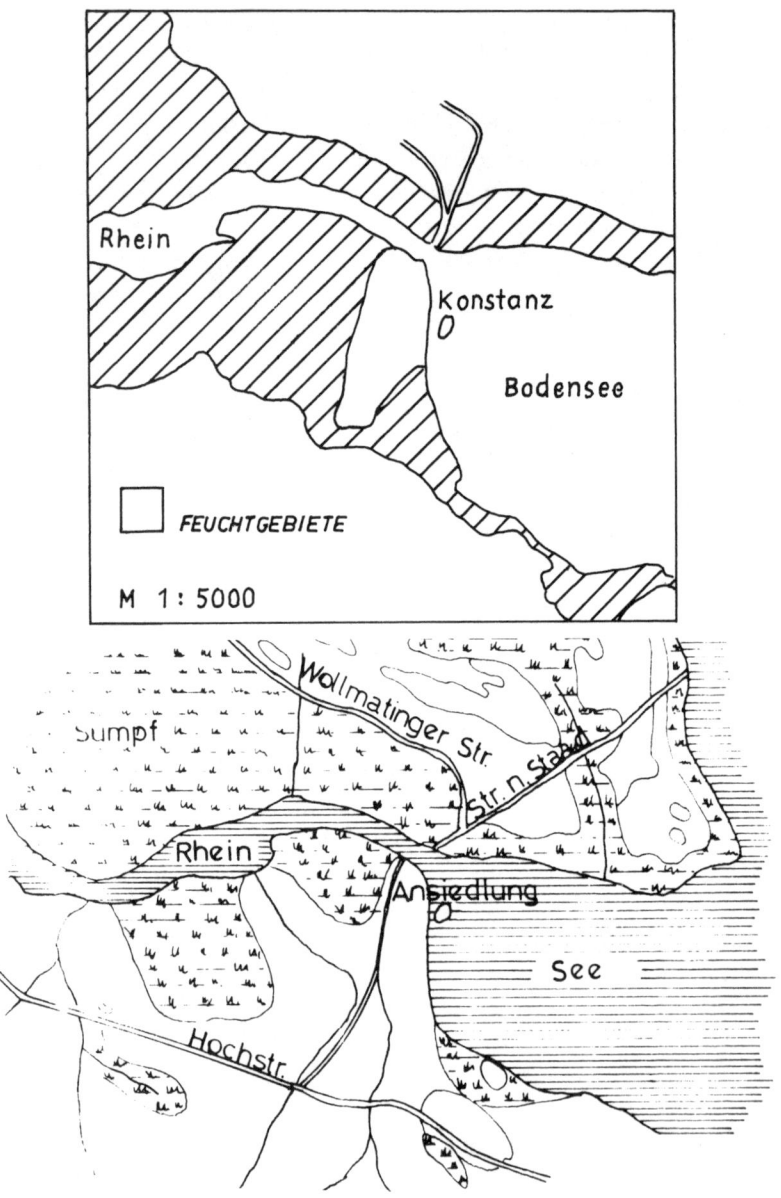

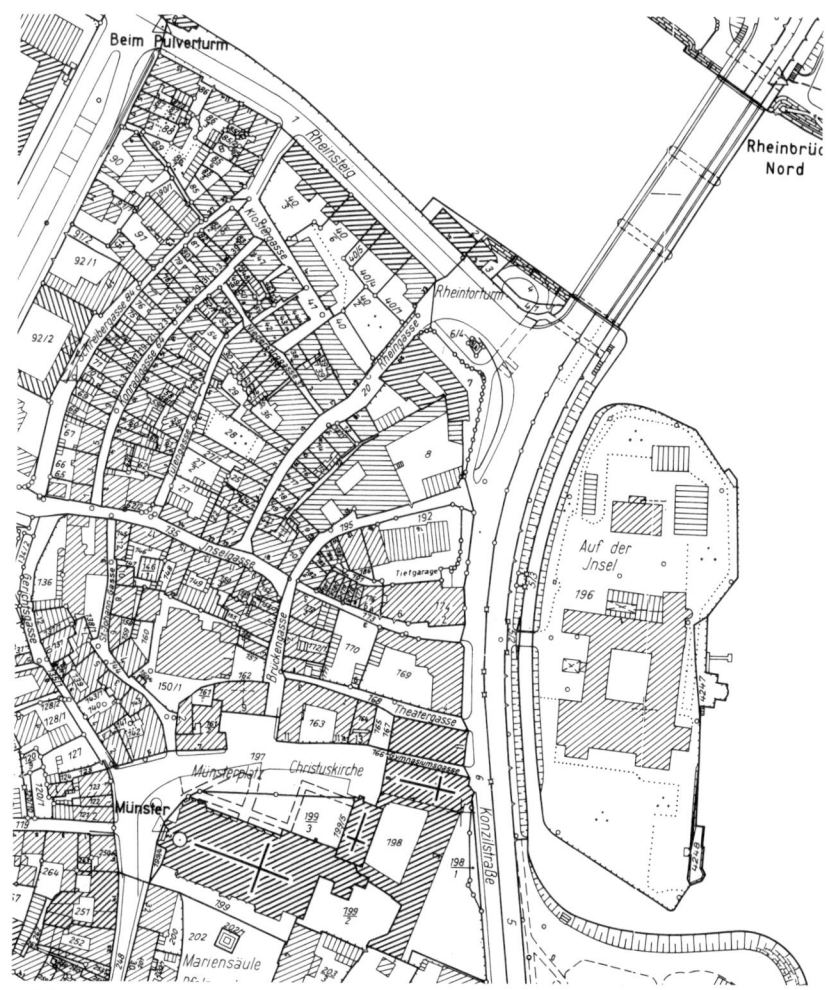

Abb. 3   Niederburgviertel

◀ *Abb. 1   Feucht- und Moorgebiete zur römischen Zeit*
   (umgezeichnet nach K. H. Göttlich).

◀ *Abb. 2   Feuchtgebiete zur frühmittelalterlichen Zeit*
   (nach I. A. Pecht 1883).

aber nur Konradigasse) und östliche Teile der Katzgasse gereicht haben. Der Hauptteil der römischen Siedlung wird aber wohl im Bereich von Niederburg und Münsterhügel zu suchen sein. Diese Beurteilung wird durch die Fundlage bestätigt. Allerdings muß darauf verwiesen werden, daß Funde und Fundorte allein zur Beurteilung von Siedlungsgrenzen nicht genügen; dies kann immer nur in Verbindung mit den topographischen Gegebenheiten geschehen. Meist wird es so sein, daß man über die Topographie den Siedlungsraum erschließt und die Funde die so gewonnene Erkenntnis bestätigen. Dies führt dann zu der Feststellung, ob sich Funde in situ oder in Sekundärlagen befanden, also der Siedlung zuzurechnen sind oder über Auffüllmaterial an den Ort gelangten. Nicht alle Fundorte sind dem eigentlichen Siedlungsplatz zuzuordnen. Gerade in der Niederburg, wo man wegen der mehrfachen Überbauung auch künftig nur kleinere Grabungsareale zur Verfügung haben wird, können zwar neue Funde gemacht werden, die möglicherweise etwas über die Art und die Zusammensetzung der Siedlung aussagen, doch sind die Siedlungsgrenzen in der Feinabstimmung nur über Funde in den hier aufgezeigten und angenommenen Siedlungsgrenzen zu finden, also etwa westlich der Konradigasse und westlich des Münsterhügels. Daneben wird es auch nur wirklich neue Erkenntnisse über die Siedlung und ihre Struktur geben, wenn öffentliche Gebäude, Wehranlagen oder ein Straßennetz innerhalb der Siedlung aufgefunden werden. Gerade in der Niederburg wird dies schwierig sein. Das Auffinden von Wohnbebauung allein erschließt uns zwar auch neue Einblicke und kann weitere Erkenntnisse über das Leben der Siedlung bringen, doch sind solche Funde im Hinblick auf die Topographie im Endeffekt nur eine Bestätigung der topographischen Beurteilung hinsichtlich des Siedlungsraumes.

Die Rekonstruktion der Topographie für die römische Zeit zeigt deutlich, daß die frühe Siedlung über einen ausgezeichneten Schutzgürtel verfügte, den die Natur um das Siedlungsgebiet gezogen hatte. Konstanz hob sich damit von allen anderen Hochrheinorten, soweit sie römisch besiedelt waren, ab. Keiner dieser Orte, auch nicht die römischen Siedlungen am Bodensee, wie etwa Bregenz und Arbon, wies eine derartige Schutzzone auf. Die ausgedehnten rechtsrheinischen Feuchtgebiete müssen ebenso in Betracht gezogen werden, denn hier war ein Zugang zum Strom nur an einer schmalen Stelle möglich. Dies ergab gegenüber dem heutigen Zustand aber ein völlig anderes topographisches Bild der Altstadt. Aus diesen Feststellungen ergeben sich die Siedlungsmöglichkeiten, und es zeichnet sich ein grobes Bild des Siedlungsareals ab. Abzulesen ist aber auch, daß die Siedlung nur von Süden her gut zugänglich war. Ein Übersetzen über den damals breiteren Rhein war zwar möglich, doch war der Fährbetrieb nicht besonders günstig. Es gab bis zum Mittelalter hier ja keine Brücke, etwa im Gegensatz zu Zurzach und Eschenz.

Über die Siedlungsgrenzen zum See hin und über antike Uferlinien geben auch die Wasserstände Auskunft. Da sich nachweisbar am Frauenpfahl und beim Rauenegg Pfahlbausiedlungen befanden, müssen dort die Feuchtrandgebiete weiter in den See hineingeragt haben, als dies üblicherweise vermutet wird. Da der Fluß des Rheins durch den »Konstanzer Trichter« zu verfolgen ist und nicht angenommen werden kann, daß der Flußlauf sich seit der Römerzeit verändert hat, muß sich am Frauenpfahl wohl eine Niederung von der heutigen Seestraße her in den Trichter vorgeschoben haben. Das Fließwasser des Rheins streift ja heute die Ostseite der Dominikanerinsel. Sollte sich der Flußlauf aber doch etwas verändert haben, müßte dann anschließend an die Insel ein damals höheres Feuchtgebiet gelegen haben. Diese Frage ist wohl noch ungeklärt.

Der durchschnittliche Wasserstand im »Konstanzer Trichter« liegt bei einem Pegelstand von etwa 3,90 Metern, in Hochwasserzeiten, wie etwa im Jahre 1965, weit darüber. In den Sommermonaten wird ein Pegelstand von 4,50 Metern nur selten erreicht oder nur unwesentlich überschritten, kann aber auch einmal 5,00 Meter erreichen. Die Hochwasserzeit liegt in Konstanz in der Regel im Juni. Bei einem Pegelstand von 5,41 Metern, der im Jahre 1965 verzeichnet wurde, war trotz der mittelalterlichen Aufschüttung der Bereich der Marktstätte bedroht. Aus der für die Römerzeit anzunehmenden Höhenschichtung, die sich aus Tiefbohrungen, aber auch aus Tiefbaumaßnahmen ergab, geht hervor, daß das Gebiet der heutigen Marktstätte und der Rosgartenstraße, stellenweise auch darüber hinaus, regelmäßig von einem mittleren Hochwasser tangiert war. So ist es sicher auch verfehlt, im Raume der Hauptpost einen römischen Hafen anzunehmen[4]. Auch eine Meldung im »Südkurier« vom 29. 3. 1986, die sich auf römische Funde bei den Grabungen am Hertie-Parkplatz bezog und bereits eine römische Bebauung am Rathaus andeutete, war sicher voreilig. Mit einer römischen Bebauung ist dort nicht zu rechnen.

Im Zusammenhang mit der Feststellung, daß im »Konstanzer Trichter«, vor allem am Rauenegg, die Feuchtgebiete früherer Zeit weiter in den See hinausragten, ist eine Beobachtung von K. Eiermann von Bedeutung[5]. Er stellte fest, daß sich der Seeboden zwischen 1855 und 1925 im Bereich vor dem Hafen und dem Rauenegg um 0,30 Meter gesenkt hatte. Die Seenforschung geht zwar immer noch davon aus, daß sich die Uferlinien seit der Römerzeit nicht wesentlich verändert haben[6], doch lassen die bei der Erstellung einer römerzeitlichen Topographie gewonnenen Erkenntnisse auch einen anderen Schluß zu. Um ein Bild der Uferlinien zur Römerzeit zu erhalten, bedarf es noch weiterer Untersuchungen und dabei kann die Feststellung von Eiermann von Bedeutung sein. Für die Siedlungstopographie ist diese Frage zwar nicht besonders relevant, da sich die möglichen Randgebiete ohnehin nicht für eine Bebauung geeignet haben, doch wären über die Umgebung der Siedlung, eventuell auch über einen vermuteten Hafen weitere Erkenntnisse von Nutzen. Schweizer Archäologen gehen teilweise sogar davon aus, daß sich der Wasserstand bei der Insel Werd gegenüber der Zeit vor dem Eintreffen der Römer leicht erhöht hat. Beobachtungen auf der Reichenau könnten zu gleichen Schlüssen führen.

Neben der Eingrenzung des Siedlungsareals, die in Einzelbereichen noch der Feinabstimmung bedarf, ergibt sich aus der Kenntnis der Konstanzer Topographie ein wichtiger Hinweis auf die Zuordnung der gemachten römischen Funde. Da man bei früheren Funden und bei zurückliegenden Grabungen der Bodenbeschaffenheit meist keine Beachtung schenkte, kam es denn auch zu Fehlinterpretationen, so insbesondere im Raume des Vincentiuskrankenhauses und im Bereich des Klosters Petershausen. Dort hat man aufgrund von Funden eine Bebauung angenommen und erkannte nicht, daß diese Funde über Abraum dorthin gelangt waren. Obwohl es keinen hinreichenden Beweis dafür gibt, darf doch angenommen werden, daß zumindest die Funde beim Vincentiuskrankenhaus aus der mehrfach überbauten, nahe gelegenen Niederburg kamen. Dasselbe gilt für die Funde am Schottenwall.

Für den Verlauf eines Teilbereichs der westlichen Siedlungsgrenze gibt

es ein Indiz, soweit es den Bereich Stephansplatz – Katzgasse in der Spätantike betrifft: Die Gräber in der nördlichen Wessenbergstraße liegen
nahe der Siedlungsgrenze, das nördlichste Grab an der Straße, die unmittelbar westlich des Münsterhügels verläuft. Bei einem reduzierten vicus,
wie er für das 3. und 4. Jahrhundert angenommen werden darf, liegt dieses Grab außerhalb der Bebauung, und so ist für diese Zeit eine Wohnbebauung westlich davon wohl nicht mehr anzunehmen. Obwohl gerade auf
diese Frage im Hinblick auf den vicus noch einzugehen ist, soll an dieser
Stelle schon darauf verwiesen werden, daß bei Maueruntersuchungen im
Bereich des Gemeindehauses St. Stephan keine römischen Spuren gefunden werden konnten. Bei Grabungen innerhalb der Stephanskirche wurde
in geringerem Umfang römisches Fundmaterial sichergestellt, doch
stammt dieses nach Auskunft des Ausgräbers aus einer Auffüllschicht.
Damit kann dieser Raum, zumindest was die Spätantike betrifft, aus dem
anzunehmenden Siedlungsraum ausgegrenzt werden. Die 1988 gemelde-
ten frühen Bauspuren in der Katzgasse sind noch nicht publiziert, und es
bleibt abzuwarten, welche Beweise für eine römische Bebauung angeboten werden, da offensichtlich Kleinfunde fehlen.

Die Okkupation des nördlichen Alpenvorlandes durch die Römer im Jahre 15 v. Chr.

Während früher vorwiegend davon ausgegangen wurde, der Feldzug der
Stiefsöhne des Augustus, Drusus und Tiberius, im Jahre 15 v. Chr. zur
Besetzung des nördlichen Alpenvorlandes habe lediglich der Sicherung
Italiens gegen Einfälle der Bergstämme in Norditalien gedient, stellte
K. Kraft[1] die in der Folgezeit häufig vertretene These auf, der Feldzug sei
in erster Linie im Zusammenhang mit der Expansionspolitik des Augu-
stus zur Unterwerfung des germanischen Raumes zu sehen. Da diese
These in Abwandlung auch zur Begründung anderer militärischer Unter-

nehmungen jener Zeit herangezogen und der von Kraft vertretenen Ansicht in der Diskussion ein breiter Raum gewidmet wird, sollen ausnahmsweise einige Passagen hier wörtlich zitiert werden: »Der rasche Verlauf des Feldzuges des Jahres 15 v. Chr. zeigt zur Genüge, daß die Alpenvölker keine für Italien bedrohliche Macht darstellten. Bereinigt mußten die Verhältnisse freilich werden, weil man sichere Übergänge über die Alpenmitte benötigte. Das eigentliche Ziel der Aktion aber ist die Gewinnung des nördlichen Flachlandes. Dies aber gewiß nicht als Mittel zur Unterwerfung der eigentlichen Alpenbewohner, wie Stähelin meint. Diese Ansicht denkt zu modern und setzt einen politisch geschlossenen Alpenstaat voraus . . . Sinnvoll ist das Ausgreifen Roms auf den Nordabhang der Alpenmitte nur im Zusammenhang mit der Angriffsplanung gegen den großgermanischen Raum. Dafür waren eine ausreichende nordalpine Basis und eine Verbindungsmöglichkeit zwischen den geplanten zangenförmig ansetzenden Angriffskeilen vom Rhein nach Osten zum Unter- und Mittellauf der Elbe und von der Donau aus nach Norden mit Richtung auf die Elbquelle nötig. Die Alpeneroberung von 15–13 v. Chr. ist zwar im Rahmen der strategischen Absichten Roms unvermeidlich und notwendig, aber nicht nur sekundäre Begleiterscheinung der Vorbereitung einer viel weiteren Offensivplanung.«

Kraft geht also davon aus, daß nördlich der Alpenmitte ein Glacis geschaffen werden mußte, um eine bereits bestehende Offensivplanung gegen Germanien von der Donau aus durchführen zu können. Er geht gleichzeitig davon aus, daß sowohl Noricum wie der helvetische Raum bereits vor dem Feldzug des Jahres 15 v. Chr. besetzt worden seien. Beide Räume waren durch Verträge mit Rom bereits früher verbunden, doch gibt es keine Belege dafür, daß hier auch römische Truppen stationiert waren. Erst mit dem Doppelfeldzug der Augustus-Stiefsöhne änderte sich dies. Seit den Tagen Caesars waren z. B. die Helvetier vertraglich gebunden, ohne allerdings ihre Eigenständigkeit verloren zu haben. Daher war auch bei der Besetzung des Alpenvorraumes mit keiner starken Gegenwehr der Helvetier zu rechnen. In keiner antiken Quelle wird eine Gegenwehr erwähnt. Ein Stufenplan der Besetzung des Alpenvorgeländes, wie ihn Kraft annimmt, kann aus den Quellen nicht erschlossen werden und wird größtenteils auch heute nicht mehr angenommen. Seine Vorgabe, von dem durch Drusus und Tiberius unterworfenen Gebiet sei ein Angriff auf Germanien geplant gewesen, setzt voraus, daß Augustus tatsächlich eine Langzeitplanung zur Unterwerfung des germanischen Raumes betrieben hatte. Kraft setzt dieser angenommenen Offensivoperation auch bereits feste Ziele und schließt die römischen Angriffe vom Niederrhein her auf germanisches Gebiet mit einer von ihm vermuteten Offensive von der Donau aus nach Norden zusammen, also zu einer weiträumigen Zangenoperation. Er erklärt aber dann nicht, warum es keine solche gemeinsame Angriffshandlung und in so früher Zeit auch keinen weiträumigen Vorstoß von Süden her gab. Er hat hier nicht nur ohne jeglichen Beleg – oder doch wenigstens einer antiken Quellenvermutung – eine langfristig angelegte Offensivplanung gegen den germanischen Raum postuliert, sondern auch ganz präzise den Römern ihr taktisches Vorgehen und das Ziel eines solchen Feldzuges unterstellt. Ähnlich wird ohne Belege in »Die Römer in der Schweiz« (1988) ein früher Vorstoß vom Hochrhein aus nach Norden vertreten. Nun mag man über die Gründe des Unternehmens im Jahre 15 v. Chr. Arbeitshypothesen aufstellen und sie auch so begründen, daß sie einer gewissen Logik nicht entbehren, doch führt es nur zu Verwirrungen, wenn die These sich nicht auf Quellen oder wenigstens Analogien stützen kann. Eine strategische Konzeption anzunehmen, die nicht zu belegen ist und auch nicht zum Tragen kam, verweist die gedankliche Konstruktion in den Bereich der Spekulation.

Geht man nicht von einer – unbewiesenen – Langzeitplanung aus, so ist nach anderen Antworten zu suchen. Gleichzeitig wäre im Hinblick auf Konstanz und der an anderer Stelle zu behandelnden Frage nach einem frühkaiserzeitlichen Kastell zu klären, ob die Römer nach der Unterwerfung des nördlichen Alpenvorlandes eine echte, durchgängige Grenzsicherung angelegt haben. Desgleichen ist zu klären, ob Anzeichen dafür vorhanden sind, daß wirklich ein Aufmarschgebiet für künftige Operationen geschaffen wurde oder vorwiegend nur die Militär- und Handelsstraßen gesichert wurden und eine durchgehende Besetzung nicht erfolgte.

Karl Christ hinwiederum nimmt an[2], daß der Feldzug notwendig geworden war, um zwischen Pannonien, Noricum und Gallien eine kürzere und bessere Verbindung sowohl für das Militär wie für den Handel herzustellen. Dies bedingte die Eroberung des nördlichen Alpenvorlandes und ergab gleichzeitig eine Sicherung Norditaliens. Auch andere Forscher (David Timpe[3], Werner Dahlheim[4]) verneinen eine Langzeitplanung zur Unterwerfung Germaniens unter Augustus. Sie vertreten die Ansicht, daß die Offensiven vom Niederrhein aus zu Zwangsläufigkeiten führten, somit mehr spontane Operationen vorlagen, die letztlich dann zu einem Eroberungswillen führten. Dahlheim führt dazu u. a. aus: »In den Jahren 15–6 v. Chr. unterwarfen die römischen Heere die Binnenräume nördlich der Alpen, erreichten die Donau und überschritten den Rhein, um die gallischen Provinzen, gestützt auf die befestigten Legionslager am Rhein, offensiv gegen die ständigen Raubzüge rechtsrheinischer Germanen zu verteidigen. Als die seit 12 v. Chr. von Drusus über den Rhein geführten Expeditionen schnelle und große Erfolge brachten, die in Rom mit der ganzen imperialen Phraseologie der Zeit gefeiert wurden, weitete sich der Krieg bis zur Elbe aus und nahm den Charakter eines Unterwerfungskrieges an mit dem Ziel, die germanischen Siedlungsräume auf Dauer zu beherrschen.« Da die Entwicklung der Operationen vom Niederrhein aus historisch zu verfolgen ist, andererseits ein Vorstoß von der Donau nicht belegt werden kann, sollte man von der These Krafts, die heute noch oft weitergeschrieben wird, abrücken. Es bleibt nun hinsichtlich der Besetzung des Alpenvorlandes die Ansicht, daß durch diesen Feldzug eine kürzere Verbindung zwischen Makedonien und Gallien hergestellt wurde. Sucht man bei den Römern nun Präzedenzfälle für ähnliche Vorgänge – und damit Argumente gegen eine Langzeitplanung – so gibt es da den Vorstoß Caesars im Jahre 57 v. Chr., als er von Norden her die Öffnung der Pässe am Großen St. Bernhard versuchte, um, wie er uns selbst überliefert, eine kürzere Verbindung zwischen Norditalien und Gallien herzustellen. Militär und Handel mußten nämlich den erheblichen Umweg über die Küste nehmen, um ins Rhônetal zu gelangen. Caesar spricht dabei insbesondere auch von den Erleichterungen für den Handel. Sein Legat Servius Galba scheiterte jedoch am Widerstand der im Wallis siedelnden Bergstämme. Auch ein weiterer Versuch im Jahre 34 v. Chr., die Pässe von Süden her zu öffnen, war nicht erfolgreicher. Erst im Jahre 25 v. Chr. gelang es dem Feldherrn Varro Murena, die im Aostatal siedelnden Salasser zu unterwerfen und die Pässe freizukämpfen. Auch hier wurde von einigen Wissenschaftlern die Meinung vertreten, daß die Öffnung der

Pässe bereits Teil einer Langzeitplanung für den Angriff auf Germanien gewesen sei. Caesar hatte bei seinem ersten Versuch daran sicher nicht gedacht. Er hatte andere Gründe. Die Öffnung der Pässe mußte betrieben werden, von Caesar wie Augustus, sie war einfach für das Militär wie für den Handel eine Notwendigkeit, nachdem Gallien Teil des Imperiums geworden war. So mag man auch Philipp Filtzinger[5] nicht zustimmen, der den Salasserfeldzug nur im Rahmen einer Grenzsicherung Norditaliens sieht. War also das Ziel der Öffnung der Pässe eine kürzere Verbindung, so können ähnliche Gründe durchaus auch für den Feldzug des Jahres 15 v. Chr. gelten, zumal auch später noch, in den Jahren 74/75 ein römischer Vorstoß den gleichen Zielen diente. Die schlechte Verbindung zwischen Donau und Rhein spielte vor allem während des Bataveraufstandes am Niederrhein im Jahre 70 eine große Rolle, da die Verstärkungen aus dem Raume südlich der Donau nur über Basel – Straßburg – Mainz herangeführt werden konnten. Um nun für Militär und Handel eine kürzere Verbindung zu schaffen, gab Kaiser Vespasian dem Legaten der obergermanischen Heeresgruppe, Cneius Pinarius Clemens, den Auftrag, über das Kinzigtal in den Raum Rottweil vorzustoßen. So führte künftig ein direkter Weg von der oberen Donau bei Tuttlingen über Rottweil das Kinzigtal hinab nach Straßburg. Nicht immer stand demnach eine langfristige Offensivplanung hinter den Vorstößen der Römer. Diese dienten, wie die Beispiele deutlich zeigen, sehr oft ganz naheliegenden Zielen, wie etwa der Verkürzung des Straßennetzes, was Militär und Handel Vorteil brachte. Christ hat mit Recht darauf hingewiesen, daß sich moderne Historiker leicht verleiten lassen, »in der Antike weitreichende konsistente Planungskonzepte zu unterstellen, wo offensichtlich ein weit größeres Maß an Spontaneität, häufig genug die Abfolge von wechselnden, situationsbedingten Fallerscheinungen vorherrschend blieb.«[6] So kann hier auch die These, bereits im Jahre 16 v. Chr. habe im Zuge der Niederwerfung zweier in Italien eingefallener Bergstämme eine Abteilung schon die Bodenseeregion erreicht, als Spekulation außer acht bleiben, da hierfür keinerlei Belege existieren und damit der Feldzug des Tiberius im Jahre 15 v. Chr. sinnlos geworden wäre. Man konnte ja nicht von Süden her in die Bodenseeregion gelangen, ohne die Räter zu besiegen, was eben den antiken Quellen nach erst durch Drusus und Tiberius geschah. Auch für die Vorstöße vom Niederrhein aus in den germanischen Raum bedurfte es keiner langfristigen Vorausplanung, wie bereits angedeutet wurde. Die schmerzhafte Niederlage des Marcus Lollius im Jahre 16 v. Chr. gegen die Sugambrer und der Verlust eines Legionsadlers könnte sehr wohl bei Augustus einen »stimulierenden Effekt«[7] ausgelöst haben, die germanische Gefahr durch die Schaffung eines cordon sanitaire auf dem rechtsrheinischen Ufer zu beseitigen, was dann erst zum Versuch der Unterwerfung der germanischen Stämme, bedingt durch die guten und schnellen Erfolge, wurde. Es spricht demnach nichts für eine so lange vorausgeplante Offensivstrategie, wie man sie Augustus in vielen Publikationen unterstellt, ohne überzeugende Belege hierfür zu erbringen.

Der Marschweg des Drusus im Jahre 15 v. Chr. von Trient über den Brenner ins Inntal und von dort in das bayerische Voralpenland ist in großen Zügen zu rekonstruieren, wobei die Überlieferung des Plinius als wesentliche Quelle anzusehen ist, wenngleich in einigen wenigen Details auch hier die Diskussion noch im Gange ist. Der Vorstoß des Tiberius hingegen in das Land der Räter und nach Helvetien, so auch an den Bodensee, wurde noch nicht exakt geklärt. Nur drei Fakten stehen fest:

1. Die Helvetier waren durch Caesar nach der Schlacht von Bibracte in einem freien Vertragsverhältnis an Rom gebunden. Nicht überliefert ist, daß dieses Vertragsverhältnis geändert wurde, als später die Helvetier am großen gallischen Aufstand teilnahmen. Ganz offensichtlich – und dies zeigt auch der Ablauf des Feldzuges im Jahre 15 v. Chr. – ging aber von den Helvetiern keine Gefahr aus.
2. Der Hauptgegner für Tiberius waren die im Hinter- und Alpenrheintal wie im östlichen Vorarlberg siedelnden Räter, die er im Benehmen mit Drusus ausschalten und wobei er die Pässe in diesem Raum öffnen sollte.
3. Tiberius hat im Verlauf des Feldzuges den Bodensee und die Quellen der Donau (?) erreicht.

Wenden wir uns nochmals dem Marschweg des Tiberius zu. Die herrschende Meinung vertritt dabei die These, Tiberius sei mit seiner Heeresgruppe von Westen, von Gallien her angerückt und sei den Hochrhein entlang oder über Bötzberg – Windisch – Oberwinterthur an den Bodensee marschiert. Für diesen Marschweg werden folgende Gründe angeführt:

Sueton[8] berichtet von einem Aufenthalt des Tiberius im Jahre 16 v. Chr. in Gallien und fährt fort: »Danach hat er Krieg gegen die Räter geführt.« Strabo berichtet, daß Tiberius den Bodensee und von dort in einem Tagesmarsch die Quellen der Donau erreicht habe.

Sueton berichtet also nur ganz allgemein, daß Tiberius nach seinem Aufenthalt in Gallien Krieg gegen die Räter führte. Vom Bodensee berichtet er ebensowenig wie vom Marschweg des Tiberius.

Strabo seinerseits macht ebenfalls keine Aussage zum Marschweg, sondern berichtet nur, daß Tiberius im Verlaufe des Feldzuges auch den Bodensee erreichte. Die Frage ist nun, ob man beide antiken Quellen einfach zusammenschließen kann und dabei unterstellt, daß Tiberius nicht nur von Westen kam, weil er ein Jahr zuvor in Gallien gewesen ist, sondern auch den Bericht Strabos über das Erreichen des Bodensees als unausweichliche Folge ansehen muß. Strabos Bericht ist ja keine Fortsetzung der Überlieferung des Sueton. Beide Quellen sind voneinander unabhängig und beschreiben zwei verschiedene Dinge. Tiberius muß demnach nicht, selbst wenn er von Westen kam, sofort an den Bodensee marschiert sein. Er konnte dabei sowohl von Westen kommend über die Walenseefurche oder von Süden angreifend dorthin gelangen. Diese kurze Erörterung der Probleme um diesen Feldzug, die nicht einmal alle möglichen Aspekte umfaßt, zeigt deutlich, wie wenig man noch über den Ablauf dieses Unternehmens weiß. So gibt es auch Stimmen, die dafür eintreten, daß Tiberius von Süden her anmarschierte – also wie Drusus aus Norditalien. Spekulationen gibt es auch über eine große Zangenbewegung im helvetischen Raum. Danach soll Tiberius von Westen her in Helvetien eingefallen sein, während Consul L. Piso vom Süden kam. Belegt kann dies nicht werden, erscheint auch wenig wahrscheinlich. Piso wäre dann auf die Räter, den Hauptgegner, gestoßen. Andere Quellen sprechen aber von einer Vereinigung der Heeresgruppen von Drusus und Tiberius und von einer sich anschließenden Entscheidungsschlacht. Tiberius ist also gegen die Räter angetreten; er bedurfte dabei der Hilfe des Drusus, nicht aber noch einer weiteren Heeresgruppe. Velleius Paterculus, ein hoher Offizier unter Augustus, gibt in seiner »Römischen Geschichte« einen Hinweis, daß Drusus und Tiberius gemeinsam operierten. Er läßt bei einem Treffen des Tiberius mit alten Legionären diese sprechen: »Ich bin mit dir, mein Feldherr, in Armenien, ich in Tirol gewesen; mich hast du in Vindelicien, mich in Pannonien, mich in Germanien beschenkt.« Hier werden Vindelicien und Tirol genannt, eine Anspielung also auf den Feldzug des Jahres 15 v. Chr. So gibt es über den Marschweg noch erhebliche Wissenslücken, die man akzeptieren sollte.

Für Konstanz sind die unterschiedlichen Ansichten über den Verlauf des Feldzuges des Jahres 15 v. Chr. nicht von Belang, wohl jedoch die Stelle bei Strabo: »Er (der See) hat auch eine Insel, welche Tiberius im Seekampf gegen die Vindeliker als Stützpunkt benützte.« Velleius Paterculus erwähnt als zeitgenössischer Offizier diesen Seekampf nicht, sondern nur ein Übersetzen über den See. Die Überlieferung des Strabo wurde nun in zahlreichen Publikationen zu einer »entscheidenden« Seeschlacht oder zu einem entscheidenden Sieg hochgespielt. Heute geht man überwiegend davon aus, daß die »Seeschlacht« nur unbedeutend gewesen sein kann oder überhaupt nicht stattgefunden hat. Strabo hat ja nicht aus eigenem Erleben, sondern aus zweiter Hand berichtet. Trotzdem muß die Frage der von ihm genannten Insel und ihre Lage, die er nicht näher beschrieben hat, untersucht werden. Strabo gibt selbst keinen Hinweis, keine Beschreibung, die es erlauben würden, die Insel zu identifizieren. Zum Aufzeigen von Möglichkeiten ist zunächst die Lage der im Bodensee befindlichen Inseln im Hinblick auf die Anmarschwege in Augenschein zu nehmen.

Die Insel Lindau scheidet wohl wegen ihrer Nähe zum nordöstlichen Seeufer aus; ein Stützpunkt dort hat in unmittelbarer Reichweite des Ufers, wenn man von der sicher richtigen Annahme ausgeht, daß Tiberius zunächst das südliche Seeufer erreichte, keinen Sinn mehr. Die Insel eignete sich ebenso nicht zum Übersetzen. Erreichte man vom Südufer aus die Insel, war man ja bereits über dem See, das Zielufer lag in greifbarer Nähe.

Damit verbleiben nur die Mainau und die Reichenau als Übersetzstellen. Diese beiden Inseln werden denn auch in der Literatur vorwiegend genannt. Um mit einem Heer in den Bereich dieser Inseln zu gelangen, gab es drei Anmarschwege. Einer führte von Süden aus dem Raume Liechtenstein oder Bregenz über Arbon – Pfyn und die Kreuzlinger Hochstraße nach Konstanz, ein anderer ebenfalls von Süden aus dem Raume Chur über die Walenseefurche – Zürich – Oberwinterthur – Pfyn nach Konstanz oder im Bereich Steckborn – Mannenbach am Untersee. Eine weitere Straße verlief von Pfyn über Ammenhausen – Reutershaus nach Eschenz am westlichen Ende des Untersees. Von Westen her erreicht man dieselben Endpunkte über die Straße Bötzberg – Windisch – Zürich – Oberwinterthur – Pfyn. Bleibt man bei der Schilderung Strabos, daß Tiberius vom Bodensee aus zu den Quellen der Donau vorstieß, wozu es nur eines Tagesmarsches bedurfte, so mußte der römische Feldherr bei seinem Eintreffen am See den nordwestlichen Seeraum erreichen. Damit stellt sich die Frage, wie er dorthin gekommen ist und welche der Inseln er hierbei zum Übersetzen benutzt haben konnte. Dabei mag die Feststellung interessant sein, daß in der Literatur sowohl die Mainau wie die Reichenau hierfür in Anspruch genommen werden, doch nie eingehend Stellung dazu bezogen wird, wie Tiberius dorthin gelangte. Dies ist auch nicht ganz einfach, und zur Abklärung dieser Frage muß man die Topographie von Konstanz und die Geographie des Bodenseeraumes in die Überlegungen einbeziehen.

Der Weg über Konstanz zur Mainau, die vorwiegend mit der Überlieferung des Strabo identifiziert wird, scheidet wohl aus topographischen Gründen aus. Der Zugang war zwar von Süden, von Pfyn her möglich, der Raum für ein Heer von ein bis zwei Legionen, mindestens etwa 12 000 Soldaten ohne Auxiliartruppen, war jedoch sehr knapp. Das Übersetzen über den Rhein war für eine solche Truppe mühsam. Danach mußte nochmals übergesetzt werden auf die Mainau. Ein umständliches Verfahren. Keine der neueren Publikationen, die teilweise sehr bestimmt die Mainau mit der Strabostelle gleichsetzen, gibt auf diese topographisch bedingten Fragen eine Antwort, ja, es wird auf diese Frage überhaupt nicht eingegangen. Hinzu kommen noch Quellenverfälschungen. So stellt F. Schön[9] lapidar fest, es komme nach den Quellen und einem eingehenden Quellenstudium nur die Mainau in Frage. Doch geben die Quellen eben nun einmal keinen Hinweis auf Aussehen und Lage der Insel. Er selbst verweist auch auf keine solche Quelle. Hier wurde ganz offensichtlich unter Hin-

weis auf eine nicht existente Quelle eine Vermutung zur Tatsache umge-
schrieben. Wenn demnach die Mainau ausscheidet, kommt als dritte Insel
die Reichenau in Frage. Auch diese Insel wird in der Literatur immer wieder mit der Strabostelle identifiziert. Der Raum Ermatingen oder Steckborn – Mannenbach war breit genug, um ein Heer zu lagern. Von Pfyn
her war dieser Raum einfach zu erreichen. Hier wäre ein Schiffsbau und
ein Übersetzen durchaus möglich gewesen. Ob dabei die Reichenau unbedingt als Stützpunkt benötigt wurde, sei dahingestellt, denn man konnte
von diesem Gebiet aus auch in einem Zuge den Untersee überqueren. Ob
mit oder ohne Stützpunkt erreicht man von dort den Raum Radolfzell
oder den Bodanrück. Von hier aus war die Nordwestspitze des Sees, etwa
bei Ludwigshafen zu erreichen. Der Argumentation von Schön, die
Reichenau könne bei Strabo nicht gemeint sein, da er nur von einem See
schlechthin berichtet habe und dies könne sich nur auf den Obersee beziehen, kann nicht gefolgt werden. Auch heute wird ja allgemein vom Bodensee ohne Unterteilung in Unter- und Obersee gesprochen, und in römischer Zeit war dies wohl nicht anders. Daß die Römer die Unterscheidung
sehr wohl kannten, ist bei Pomponius Mela nachzulesen. Er hat in der
Mitte des 1. Jahrhunderts die Unterscheidung zwischen Venetus (Obersee) und Acronus (Untersee) gemacht. Ebenso ist die Ansicht Schöns
falsch, daß der Untersee schon deshalb nicht in Frage kam, da er zur römischen Zeit völlig versumpft gewesen sei. Er schließt dies aus einer anderen
Straboüberlieferung: »Auch der Rhein ergießt sich in große Sümpfe und
einen großen See . . .«. Schon aus der Reihenfolge der Aufzählung geht
hervor, daß der Rhein erst durch Sümpfe und danach erst in den See ein-
mündet. Dies gilt demnach für das östliche Bodenseebecken, nicht für den
Untersee. So bleibt ein Übersetzen bei der Reichenau möglich. Ein solcher Vorgang wäre dort einfacher zu bewerkstelligen gewesen als bei der
Mainau.

Da hinsichtlich der Überlieferung des Strabo einige Zweifel angemeldet
werden müssen, worauf insbesondere im Zusammenhang mit dem Vorstoß des Tiberius zu den Quellen der Donau noch einzugehen ist, wäre
noch eine andere Übersetzmöglichkeit zu berücksichtigen, die bislang in
der Literatur noch nicht in Betracht gezogen wurde. So wie die Anmarschwege in den Raum Pfyn das Erreichen des Gebietes um Steckborn-Man-

nenbach erlaubten, war auch ein Zugang nach Eschenz möglich. Diese Siedlung am westlichen Ende des Untersees mit der Rheininsel Werd bietet sich für ein Übersetzen geradezu an. Die spätere Entwicklung von Eschenz, der Bau einer Brücke über die Insel Werd wie auch die Befestigung bei Stein a. Rh.-Burg in der Spätantike, unmittelbar westlich von Eschenz, zeigt etwa im Gegensatz auch zur späteren schlechten Verkehrsanbindung von Konstanz deutlich den Stellenwert des Überganges bei Eschenz. Da die Römer über den grenzübergreifenden Handel über landschaftliche Gegebenheiten meist sehr gut unterrichtet waren, kann ihnen bei ihrem Vormarsch im Jahre 15 v. Chr. dieser so günstig gelegene Ort nicht unbekannt gewesen sein. Unter Benützung der Insel Werd konnte der Rhein, unmittelbar am Ende des Sees, mühelos überschritten werden. Hier war ein Übergang ungleich leichter als bei der Reichenau oder Mainau. Rechtsrheinisch war dann über Keltenwege leicht der Raum Orsingen – Stockach – Ludwigshafen zu erreichen. Während es auf der Mainau und der Reichenau kaum römische Funde gibt, schon gar kein frühes Fundmaterial, liegt für Eschenz immerhin eine größere Anzahl Terra sigillaten aus augusteischer Zeit vor. Die Datierung liegt zwar wenig später als 15 v. Chr., doch zeigt dieser frühe Keramikfund, daß Eschenz schon zu augusteischer Zeit einige Bedeutung hatte. Die Keramikbruchstücke werden von H. Urner-Astholz[10] mit der Haltener Ware verglichen, und sie datierte auch eine 1940 aufgefundene Töpferei in augusteische Zeit. Halbierte Münzen und Spielsteine könnten auf eine frühe Militärpräsenz hinweisen. Die Funde aus Eschenz rangieren jedenfalls um fast 40 Jahre vor den Funden aus Konstanz. Urner-Astholz vermutet einen Beobachtungsposten unter Tiberius bei Eschenz, hält aber an der herrschenden Meinung fest, daß die Strabostelle nur mit der Mainau oder Reichenau gleichgesetzt werden könne.

Anzufügen wäre noch, daß Colin M. Wells[11] in diesem Zusammenhang überhaupt nicht an ein Übersetzen über den See glaubt. Er nimmt mit hoher Wahrscheinlichkeit (probably safe to assume) an, Tiberius habe den Rhein bei Zurzach überschritten und sei von hier aus zu den Quellen der Donau vorgestoßen. Allerdings lag dieser Übergang nun doch sehr weit vom See entfernt, daß man dann auch annehmen muß, Tiberius habe zunächst die Quellen der Donau erreicht und dann erst den Bodensee. Will man sich aber nicht zu weit von den antiken Quellen entfernen, selbst wenn diese nicht ganz zuverlässig wären, muß man bei der Reihenfolge von Strabo bleiben: zuerst das Erreichen des Sees und dann der Vorstoß zur Donau.

Zusammenfassend kann gesagt werden, daß aufgrund der geographischen und topographischen Situation im Bereich Untersee – Bodanrück – Überlinger See für ein Übersetzen unter Einbeziehung einer Insel – will man die Insel Werd ausklammern – nur die Reichenau die notwendigen Voraussetzungen erfüllte. Dabei darf aber nochmals die Frage gestellt werden, warum man ein mühsames Übersetzen in Kauf nahm und möglicherweise einen Schiffsbau, der auch längere Zeit beanspruchte, wenn man in unmittelbarer Nähe leicht das Nordufer des Untersees erreichen konnte. Zwar ist mit dem heutigen Erkenntnisstand eine gültige Antwort nicht zu geben, doch scheint es nicht angebracht, ausschließlich an einem Übersetzen bei der Reichenau oder gar bei der Mainau festzuhalten, wobei meist noch nicht einmal auf die topographischen Verhältnisse dieses Gebietes eingegangen wird. Der hier gegebene Hinweis auf Eschenz und die Insel Werd zeigt, daß ähnlich wie beim Marschweg des Tiberius die gedanklichen Möglichkeiten noch nicht ausgeschöpft sind und damit die Diskussion noch nicht zu Ende geführt ist. Um aber auch hier die Suche nach einer Antwort nicht ausufern zu lassen, muß eingestanden werden, daß ohne neue Belege, literarischer oder archäologischer Art, keine befriedigende letzte Aussage gemacht werden kann. Zumindest die Reichenau bleibt neben der Insel Werd weiter im Gespräch. Allerdings darf bei dieser Erörterung nicht verschwiegen werden, daß sich der Doppelfeldzug des Jahres 15 v. Chr. zwar in verschiedenen literarischen Quellen niedergeschlagen hat, daß jedoch nur ganz wenige archäologische Spuren gefunden werden konnten. Die aufgezeigten Möglichkeiten machen deutlich, daß die Diskussion auch in dieser Frage noch offen ist. Eine starre Festlegung auf eine bestimmte Insel kann und sollte auch nicht erfolgen.

Die größten Zweifel hinsichtlich der Straboüberlieferung erheben sich bei seiner Schilderung des Vorstoßes des Tiberius zu den Quellen der Donau. Hier ist ganz offensichtlich, daß seine Überlieferung nicht ganz zuverlässig sein kann. Er berichtet, daß Tiberius nach einem Tagesmarsch vom Bodensee aus die Quellen der Donau gesehen hat. Hier muß man nun in Erinnerung rufen, daß er kein Feldzugsteilnehmer war, sondern aus zweiter Hand seine Informationen bezog. Folgt man seiner Schilderung und geht vom Raume Höri – Ludwigshafen – Stockach als Ausgangspunkt des Marsches aus, waren etwa 50 Kilometer, wahrscheinlich etwas mehr, zurückzulegen. Hierbei sind die damaligen verschlungenen, sich dem Gelände anpassenden Karrenwege zu berücksichtigen. Unter Beachtung der Gefechtsbereitschaft, der Marschsicherung, der notwendigen Marschpausen, der Troßsicherung, der topographischen Verhältnisse – Höhe bei Engen –, der Notwendigkeit, beim Eintreffen noch ein befestigtes Marschlager zu errichten, was bei den Römern streng eingehalten wurde, war diese Entfernung für eine bewaffnete Truppe, die an ihrer Ausrüstung nicht gerade leicht zu tragen hatte, für einen Tagesmarsch zu weit, zumal kein Grund für einen Gewaltmarsch vorlag. Zwar war mit einem beachtlichen Widerstand nicht zu rechnen, was wohl auch der römischen Aufklärung bekannt war, doch stieß man immerhin in feindliches Gebiet vor und auf die üblichen Sicherungen konnte nicht verzichtet werden.

Diese Überlegungen führten bereits früher zu der These, daß Tiberius nicht die Donauquelle, sondern nur die Aachquelle erreicht hat, was in einem Tage möglich gewesen wäre. Bei etwa 70 bis 80 Schritten in der Minute zu je 0,60 bis 0,70 Metern, bei leichter Rüstung und leichtem Gepäck, bei abnehmender Marschleistung und unter Einberechnung der Marschpausen sowie der Schanzarbeiten am Zielort, waren die Donauquellen unter kriegsmäßigen Bedingungen an einem Tage nicht zu erreichen. Es bestand kein Eilbedürfnis, das durch die militärische Lage diktiert worden wäre. So bleibt die Vermutung, die in der wissenschaftlichen Diskussion schon mehrfach vertreten wurde, daß Tiberius nur die Aachquelle erreichte. Ein Reitervorstoß scheidet wohl aus, denn die Legionen verfügten über keine nennenswerte Reiterei, und Gerhard Fingerlin wies mit Recht darauf hin, daß ein Feldherr aus kaiserlichem Hause wohl keinen so weiten Vorstoß mit einer kleinen Truppe unternommen hätte. Dies auch im Hinblick darauf, daß auch diese Truppe am Zielort ein Lager beziehen mußte. Glaubt man Strabo, daß der Vorstoß vom See aus erfolgte, ergeben sich für seine Schilderung ganz erhebliche Zweifel, die nicht auszuräumen sind.

Strabos Schilderung ist auch nicht zu entnehmen, wie lange dieser Vorstoß zur Donau anhielt, d. h. wie lange die Römer am Zielort verweilten; eine Frage, die für die Zeitfolge des Tiberiusfeldzuges von Interesse wäre. Da aber auch überliefert ist, daß der Feldzug »nur einen kurzen Sommer« gedauert habe, ist von einem längeren Aufenthalt nicht auszugehen. In diesem Zusammenhang mag ein Fund von Bedeutung sein, der anläßlich des Baues einer Umgehungsstraße bei Hüfingen vor einigen Jahren durch Fingerlin gemacht wurde. Erdverfärbungen markierten abseits der später dort errichteten Kohortenlager eine größere Anlage aus der frühen Kaiserzeit, wobei es nicht ganz geklärt werden konnte, ob es sich um ein Legionslager oder um eine mehr zivile Anlage gehandelt hat, obwohl eine militärische Anlage wahrscheinlicher ist. Will man nicht annehmen, daß dieses Lager mit dem Feldzug des Tiberius und mit dem überlieferten Vorstoß vom See zur Donau in Verbindung steht, so bleibt noch die Vermutung, daß die XIX. Legion, die etwa um die Zeit dieses Feldzuges in Dangstetten stationiert war, zeitweilig über die Linie Rheinheim – Dangstetten am Hochrhein über Schleitheim nach Hüfingen, die auch später die Hauptader von Windisch an den Neckar darstellte, hinausgestoßen ist und den Raum Hüfingen zeitweilig besetzt hielt. Dafür gibt es jedoch noch keine verwertbaren Belege. Es besteht natürlich auch die Möglichkeit, daß Tiberius selbst bei den Truppen am See verblieb und eine andere Truppe, möglicherweise aus Dangstetten, die Quellen der Donau erreichte. Bei Kriegsberichten ist es ja oft so, daß ein Feldherr mit einem Ziel in Zusammenhang gebracht wird, ohne selbst je dort gewesen zu sein. Es genügt, daß ein Teil seiner Truppen unter seinem generellen Oberbefehl ein gewisses Ziel erreicht hat. Diese Spekulationen zeigen erneut recht deutlich, wie groß die Wissenslücken noch sind.

Um diesen Überblick abzurunden, muß nun noch im Hinblick auf das genannte Lager Dangstetten kurz auf die augusteischen Militäranlagen im Voralpenraum eingegangen werden. Das beim Abbau einer Kiesgrube im Jahre 1967 mehr zufällige Auffinden des Truppenlagers in Dangstetten gegenüber Zurzach geriet wohl zu einer historischen wie archäologischen Sensation, will man ausnahmsweise diesen Ausdruck einmal für eine der wichtigsten Entdeckungen der letzten Jahre im südwestdeutschen Raume gelten lassen. Da das Lagergebiet nach der Auflassung nie mehr überbaut worden war, konnte hier ein frühes Legionslager sehr gut dokumentiert werden. Die Funde aus dem Lager sprechen für eine Belegung von etwa 15 v. Chr. bis zum Jahre 9/8 v. Chr. Unbestritten lagen Einheiten der Legion, zu der auch durch Funde nachgewiesene orientalische und gallische Hilfstruppen gehörten, an einer sehr günstigen Stelle, schützten sie doch eine alte Straße entlang des Hochrheins, vor allem jedoch die Linie Windisch – Zurzach – Schleitheim – Hüfingen. Über einen Blechanhänger wurde die dort liegende Truppe als die XIX. Legion identifiziert (der Anhänger nennt die dritte Kohorte dieser Legion), die später im Varusfeldzug in Germanien unterging. Da sie eine Elitelegion gewesen ist und das Lager Dangstetten um 15 v. Chr. errichtet wurde, ist nicht auszuschließen, daß sie selbst am Feldzug des Tiberius teilgenommen hat. Da das Lager rechtsrheinisch angelegt war, ging wohl Fingerlin auch in Anlehnung an die These Krafts davon aus, daß es sich um ein Offensivlager gehandelt hat. Es wurde hier aus der jeweiligen Lage zum Rhein auf die Funktion geschlossen, so wie man später das linksrheinisch angelegte Legionslager in Windisch (Vindonissa) als Defensivlager ansprach. Sicher ist, daß die Legion in Dangstetten für einen Vorstoß in das Neckartal sehr günstig lag, doch gibt es bis heute noch keinen eindeutigen Beweis, daß von hier aus eine Offensive vorgetragen wurde. Auf die Möglichkeit einer zeitweiligen Besetzung von Hüfingen durch Teile der Legion wurde bereits hingewiesen.

Das Lager Dangstetten wird auch in Verbindung gebracht mit dem keltischen oppidum von Rheinheim-Altenburg an der Rheinschleife westlich von Schaffhausen. Diese mächtige, durch die Rheinschleife zweigeteilte Großanlage mit 233 ha Fläche auf der baden-württembergischen und 87 ha auf der schweizerischen Rheinseite, mit einem gewaltigen, heute noch gut sichtbaren Wall von über 750 Metern Länge, war ausweislich der Funde etwa um 120 v. Chr. entstanden. Das oppidum lag am Rheinübergang einer alten Keltenstraße von Zürich – Oberwinterthur und den Thurübergängen bei Andelfingen. Rechtsrheinisch gingen von dort drei Straßen ab, wovon eine in den Klettgau führte. F. Fischer weist darauf hin, daß in römischer Zeit dieser Übergang bei Altenburg zugunsten der Rheinbrücke bei Zurzach an Bedeutung verlor. Da bei den bisherigen Ausgrabungen keine Zerstörungshorizonte gefunden werden konnten, besteht Ungewißheit über das Ende der Anlage. Es wird jedoch heute angenommen, daß das Lager von Einheiten aus Dangstetten geräumt wurde.

Neben dem genannten Legionslager sind weitere augusteische Militärstützpunkte im helvetischen Raum in der Nord-, Mittel- und Ostschweiz, am Münsterhügel in Basel, in Zürich-Lindenhof; auch die Walenseetürme Biberlikopf, Strahlegg und Filbach gehören dazu. Einige Funde lassen auch in Oberwinterthur, Windisch und Zurzach frühe Posten vermuten. Ebenso sprechen in Eschenz einige Anhaltspunkte für eine frühe römische Besiedlung. Ob allerdings hier bereits ein Zusammenhang mit dem Tiberiusfeldzug oder mit der Zeit kurz danach hergestellt werden kann, ist ungewiß.

Die eindeutig zur augusteischen Zeit errichteten Militäranlagen in Zürich und am Walensee werden teilweise schon vor das Jahr 15 v. Chr. datiert, was zu den unterschiedlichsten Vermutungen führte. Gewisse Schwierigkeiten mit der Chronologie der Keramik führte hier wieder zu einer ausufernden Diskussion. Durch das Festhalten an der einmal aufgestellten Chronologie, auf deren teilweise Unzuverlässigkeit schon der Ausgräber des Kastells auf dem Züricher Lindenhof hingewiesen hatte, stimmte plötzlich das allgemeine Bild nicht mehr, und man suchte nach neuen Antworten. So kam man zu dem Schluß, diese Anlagen seien bereits vor dem Tiberiusfeldzug entstanden. Vor allem betrafen diese neuen Vermutungen das Verhältnis Roms zu Helvetien. So geht Wells davon aus, daß die Römer bereits vor dem Jahre 15 v. Chr. eine direkte Kontrolle über die zum Rhein führenden Straßen ausübten, Helvetien zur Zeit des Tiberiusfeldzuges kein Pufferstaat mehr war, sondern bereits »eine Arterie des Imperiums«. Gleichzeitig kommt er zu dem Schluß, Zürich und die Türme am Walensee seien zum Schutz gegen die Räter in der Zeit zwischen 25 und 20 v. Chr. angelegt worden. Nach wenigen Jahren, so Wells, sei die Auflassung der Anlagen erfolgt, und ein Zusammenhang mit dem Feldzug des Tiberius bestehe nicht. Für die Posten Windisch und Oberwinterthur nimmt er eine Entstehungszeit um 20 v. Chr. an. Seine Vermutung stützt er vorwiegend auf Terra-sigillata-Funde, die er zeitlich noch vor die aus Oberaden einreiht. Der ebenso geäußerten Ansicht, die frühen Stationen seien zur Deckung des nördlichen Alpenvorlandes errichtet worden und wären eine zusätzliche Sicherung beim Vorstoß des Tiberius gewesen, kann nicht gefolgt werden, da es keine Hinweise gibt, die eine solche Vermutung rechtfertigen würden. Beide Anlagen waren auch nicht geeignet, rätische Einfälle zu verhindern. Im Gegensatz zu Wells wird von anderen Forschern die Ansicht vertreten, daß diese Militäranlagen im Zusammenhang mit dem Feldzug im Jahre 15 v. Chr. zu sehen sind. E. Meyer, der die Besetzung des helvetischen Raumes von Süden her über den Alpenkamm annimmt, vermutet, daß Zürich, die Walenseetürme, vor allem aber Oberwinterthur durch eine Flankenoperation von Westen her zur Absicherung der Offensive des Tiberius angelegt wurden. Er nimmt auch an, daß die Walenseetürme noch über das Jahr 15 v. Chr. hinaus belegt waren. R. Frei-Stolba[12] widerspricht wohl mit Recht beiden Thesen und sieht in den genannten Anlagen spätere Sicherungsmaßnahmen der römischen Herrschaft dieses Gebietes, also vorwiegend Straßensicherungen. Die Diskussion, die immer wieder Datierungsschwierigkeiten aufzeigt, geht weiter. Da die Archäologie bislang keine befriedigenden Antworten liefern konnte, muß zunächst nach historisch begründeten Antworten gesucht werden.

Zieht man analoge Schlüsse zu den Verhältnissen im bayerischen Voralpenraum nach dem Feldzug des Jahres 15 v. Chr., scheint die Vermutung, die Anlagen in Helvetien seien im Zuge dieses Feldzuges oder kurz danach entstanden, begründet. Die Militärposten im bayerischen Raum waren zu jener Zeit sowohl Teil des römischen Meldenetzes wie Sicherungsposten zum Schutz des Nachschubs- und Handelsverkehrs an besonders wichtigen Stellen, wie etwa Flußübergängen. Diese Militärstationen finden in den Stationen in Helvetien eine Parallele. Auch sie sind einem Straßennetz zugeordnet, so insbesondere den Strecken Zürich – Bündnerpässe und Zürich – Oberwinterthur – Arbon. Nach Auflassung des Lagers Dangstetten wurde wohl auch ein Posten an dem wichtigen Rheinübergang bei Zurzach angelegt, wie neuere Funde andeuten.

Die früher einmal geäußerte Vermutung, auch in Pfyn habe sich ein frühes Kastell befunden, konnte nicht verifiziert werden und wird auch heute nicht mehr vertreten. Da weder entlang der Donau, noch am Hochrhein eine lineare Grenzbefestigung in der frühen Kaiserzeit angelegt wurde, eine durchgehende Besetzung des Landes zunächst nicht erfolgte, reichten diese Straßensicherungen aus, zumal überliefert ist, daß die unterworfenen Stämme Ruhe hielten. So war auch in Vindelikien, im bayerischen Alpenvorraum, nach dem Doppelfeldzug des Jahres 15 v. Chr. bis etwa 8 v. Chr. keine Legion stationiert. Ein Beweis dafür, daß auch dort die Straßen- und Flußsicherungen ausreichten. Der Hochrhein war darüber hinaus noch fast sieben bis acht Jahre durch eine Legion in Dangstetten gedeckt. Da die Militärposten in der Mittel- und Ostschweiz so augenfällig mit den Anlagen in Bayern korrespondieren, darf man wohl auch die Anlagen in Helvetien nicht für sich allein betrachten. Hier lag eine Konzeption für das im Jahre 15 v. Chr. unterworfene Land vor. Demnach spricht auch nichts dafür, daß einige Anlagen in Helvetien bereits fünf bis zehn Jahre vor dem Tiberiusfeldzug entstanden. Es gibt einfach hierfür keine Begründung, denn es ging von Helvetien keine Gefahr aus. Verschiedentlich wurde versucht, die Walenseetürme als Sperriegel gegen die Räter anzusprechen, doch für diese Aufgabe wären sie mit nur einer geringen Besatzung zu schwach gewesen.

Wie hinsichtlich der Straßensicherungsplätze in den ersten Jahren nach der Besetzung des nördlichen Alpenvorraumes sah man teilweise auch in der Parallele die Anlage von Legionslagern im bayerischen und helvetischen Raum. So das Lager in Dangstetten (Kreis Waldshut) und ein vermutetes Lager in Augsburg–Oberhausen. Heute weiß man allerdings, daß das Lager Augsburg-Oberhausen, wenn es denn jemals existierte, viel später als Dangstetten errichtet worden ist und auch noch nach Auflassen des Lagers am Hochrhein weiterbestand. Beide Lager bestanden also nicht gleichzeitig, wurden vor allem nicht zur selben Zeit errichtet und dienten demnach auch nicht einer umfassenden Offensivplanung, die in den germanischen Raum zielte. Nun hat es mit dem Lager Augsburg-Oberhausen seine eigene Bewandtnis. Beim Zusammenfluß von Wertach und Lech fand man im Kiesbett eine sehr große Menge Keramik, Münzen und vor allem militärisches Material. Da die Funde im Fluß lagen, nahm man an, sie seien von einem nahegelegenen Militärlager abgeschwemmt worden. Teilweise geht man davon aus, daß das Lager mit zwei Legionen belegt war. Kraft unterstellte dem Lager einen Offensivauftrag, wie bereits angeführt, in den germanischen Raum von der Donau aus. Nun hat es aber einen solchen Vorstoß nicht gegeben, und das Lager wurde nie gefunden. Errichtung und Auflassung dieses vermuteten Lagers entnahm man der

Funddatierung. Nachdem die Suche nach dem Lager erfolglos war, kann man es nur als erstaunlich bezeichnen, daß bis in neueste Zeit diese Militäranlage als eine feststehende Tatsache ausgegeben wird. So ist auch nicht bekannt, wie eine so große Menge an gefundenen Ausrüstungsgegenständen in den Fluß geriet. Die Zahl der Militariafunde ist nämlich so erheblich, daß nicht davon ausgegangen werden kann, diese Gegenstände seien beim Auflassen des Lagers vergessen oder verloren worden. War hier kein Legionslager, sondern nur ein Waffenplatz, ein Nachschublager? S. v. Schnurbein[13] stellt denn auch die Frage, ob denn im bayerischen Voralpenland eine so starke Truppe notwendig war, die den Funden nach über 30 Jahre dort stationiert gewesen wäre, obwohl das Land völlig ruhig war und die Vorstöße in den germanischen Raum nur von Mainz oder vom Niederrhein aus erfolgten. Gesichert ist nicht das Lager in Augsburg-Oberhausen, wie dies viele Publikationen suggerieren wollen, sondern nur die Vielzahl an Funden, deren Herkunft man eben heute noch nicht erklären kann. Wie das Lager, so kann denn auch – ähnlich wie in Bregenz – die Stadt Augsburg das 1985 gefeierte zweitausendjährige Stadtjubiläum nicht beweisen. Daß die Römer im Jahre 15 v. Chr. das Land besetzten, ist für die Stadtgründung kein Beweis.

Diese historische Darlegung in einigen Passagen detailliert, doch lange nicht vollständig, sollte einführen in den Komplex »Das römische Konstanz«, denn die allgemeine Lage, die Errichtung von Militärstationen an wichtigen Plätzen, doch ohne durchgehende Besetzung des eroberten Raumes, wird in den folgenden Kapiteln immer wieder eine Rolle spielen.

Geschichte der Forschung in Konstanz

Die erste Nachricht über einen römischen Fund in Konstanz stammt aus dem Jahre 1452, als man glaubte, am Emmishofer Tor auf römische Brückenjoche gestoßen zu sein. Leider ist die Frage, ob die damalige Vermutung richtig war, heute nicht mehr zu klären.

Im Torbogen des mittelalterlichen Emmishofer Tores, das im 19. Jahrhundert abgebrochen wurde, befanden sich zwei eingemauerte Reliefsteine, die bereits im 19. Jahrhundert verschollen sind, von denen jedoch noch eine Zeichnung des jungen Ludwig Leiner aus dem Jahre 1856 vorhanden ist[1]. Es handelt sich um die Darstellung eines runden Kopfes mit Strahlenkranz und um eine Frauenbüste mit Katzenohren. Ob die Darstellungen der römischen Zeit zugesprochen werden können, ist unwahrscheinlich.

Die humanistische Bildungstradition und das erwachende Nationalbewußtsein im letzten Drittel des 19. Jahrhunderts förderte das Interesse an der Heimatgeschichte, und so setzte auch in Konstanz eine systematische Fundsuche und Baustellenüberwachung ein. Die Suche nach Altertümern aus allen Epochen brachte über einen Freundeskreis Leiners, zu dem auch Carl Beyerle und F. Hirsch gehörten, Erkenntnisse, die im Hinblick auf die römische Vergangenheit der Stadt heute noch Ausgangspunkt und Grundlage der Forschung sind, zumal dieser Kreis für damalige Verhältnisse sehr gründlich und zuverlässig arbeitete. Im Vordergrund der Bemühungen stand die Suche nach einem römischen Kastell, das man auf dem Münsterhügel vermutete. Man ging davon aus, daß auch in Konstanz eine ähnliche Anlage wie in Zurzach und Stein a. Rh.-Burg vorhanden gewesen sein muß. Gesicherte Erkenntnisse blieben jedoch aus.

Die wichtigsten Ergebnisse aus dem 19. Jahrhundert sind:

1. die Aufdeckung eines römischen Gebäudeteils bei St. Johann und damit zusammenhängend die Sicherung umfangreicher Terra-sigillata-Bestände,
2. das Auffinden römischer Gebäudereste und eines schweren Mauerteils auf dem nördlichen Münsterplatz und
3. eines Spitzgrabens am südlichen und westlichen Münsterhügel,

4. die Sicherstellung eines größeren Münzkomplexes und einiger Keramik auf dem Gelände des Vincentius-Krankenhauses,
5. ein nicht ganz geklärter Mosaikfund nordwestlich des Münsters,
6. die Freilegung römischer Gräber an der Hussenstraße, Oberen Laube und am südlichen Stephansplatz,
7. die Teilfreilegung eines Gebäudes einer villa rustica im Stadtteil Wollmatingen.

Über die Münz- und Keramikfunde, vor allem jedoch über die Gebäudefundamente bei St. Johann und am nördlichen Münsterplatz war bereits im 19. Jahrhundert der Nachweis der römischen Besiedlung erbracht, was allerdings auch die Vermutung eines Kastells verfestigte, und schnell wurde aus der Kastellvermutung eine Tatsache, die bereits Anfang des 20. Jahrhunderts Eingang in die Literatur fand.

In den Jahren nach dem Ersten Weltkrieg, vor allem zwischen 1930 und 1960, war es Alfons Beck, der den Gedanken an das römische Konstanz wachhielt, fleißig Lesefunde sammelte, Baustellen überwachte, Uferbegehungen durchführte und kleinere Grabungen vornahm. Zu seinen wichtigsten Arbeiten gehören:
1. die Grabung am südlichen Münsterhügel im Jahre 1931, die dann Revellio fortführte,
2. Fundbergungen auf dem Gelände des früheren Klosters Petershausen,
3. Fundaufnahmen beim Kolpinghaus,
4. die Aufnahme von römischen Gräbern in der Wessenberg- und Hussenstraße,
5. Fundbergungen am Sternenplatz,
6. eine Grabung am östlichen Münsterhügel.

Im Jahre 1931 wurde Revellio mit einer Grabung am Hofhaldeaufstieg beauftragt, die Beck zuvor aufgenommen hatte. Auf die Ergebnisse und die Auseinandersetzungen, die sich hierbei ergaben, wird vor allem im Kapitel über das frührömische Kastell näher eingegangen.

Im Jahre 1957 führte Gerhard Bersu auf dem nördlichen Münsterhügel, vorwiegend im Bereich des früheren Münsterkreuzganghofes, eine Grabung durch, die allerdings sehr kurzfristig angesetzt war. Bersu hatte keine Zeit zur Verfügung, sich mit den bisherigen Funden vertraut zu machen, zumal diese auch nicht leicht zugänglich waren. Er grub nach einem fiktiven Kastellplan, für den es keine wissenschaftliche Grundlage gab. Hierauf wird im Kapitel über ein spätantikes Kastell eingegangen.

Zu erwähnen wäre noch eine Bodenuntersuchung durch Erdmann/ Zettler im Jahre 1974 an der Hofhalde. Erst mit der Einrichtung des »Projekts Konstanz« durch das Landesdenkmalamt wurde im Jahre 1984 im Hof der Brückengasse 5–7, später im Eckhaus Insel- und Konradigasse und 1987 im Verlauf einer Kanalverlegung in der Konradigasse wieder gegraben. Die Ergebnisse sind z. T. im Kapitel über den vicus angesprochen, Grabungsberichte hierüber durch die Ausgräberin Oexle liegen jedoch wegen der Kürze der Zeit noch nicht vor. Diese Grabungen, teilweise auf kleinstem Raume, sind wissenschaftlich einwandfrei dokumentiert, wurden nach der stratigraphischen Methode durchgeführt und liegen damit in ihrer Wertaussage weit über den früheren Grabungen.

Zu einem frühkaiserzeitlichen Kastell in Konstanz

Während man zu keiner Zeit ernsthaft von einem augusteischen Kastell in Konstanz ausging, obwohl auch dies gelegentlich vertreten wurde, wird in zahlreichen Veröffentlichungen für die claudische, teilweise auch bereits für die tiberianische Zeit hier ein Kohortenkastell vermutet[1]. Ganz offensichtlich wurden diese Vermutungen, so auch die des Schweizer Historikers Felix Stähelin, sowohl von der Überlieferung des Florus über 50 Drususkastelle entlang des Rheins[2] und dem spätrömischen Befestigungsmodell am Hochrhein als auch von einem modernen, linearen Grenzdenken beeinflußt. So postuliert Stähelin für die frühe Kaiserzeit in Anlehnung an die spätere valentinianische Befestigung nicht nur Kastelle am Hochrhein, sondern auch eine burgi-Kette, wie sie in der Spätantike bestanden hat. Mit Ausnahme von Basel und möglicherweise Zurzach sind bisher jedoch keine Kastelle bekannt geworden. Insbesondere konnte auch kein Hinweis auf eine burgi-Kette gefunden werden. An dieser Stelle sei nochmals darauf verwiesen, daß dies für die Hochrheinregion gilt, während am Ober- und Niederrhein andere Verhältnisse herrschten und auch an einigen Stellen frühkaiserzeitliche Kastelle nachgewiesen sind.

Für Konstanz ist es wegen des Fehlens antiker Quellen und Baubefunde wie mangelnder Funde, die auf eine militärische Belegung hinweisen, notwendig, zur Abklärung der Vermutung, ob in der frühen Kaiserzeit ein Kastell bestand, vier Fragenkomplexe eingehender zu überprüfen:

1. die Kastellvermutung über Funde aus dieser Zeit,
2. die Aussagekraft und den Beweiswert einer spitzgrabenähnlichen Vertiefung am südlichen Münsterhügel,
3. die bisher gegebenen militärischen Begründungen einer solchen Anlage,
4. der strategische Stellenwert der Siedlung im 1. Jahrhundert.

Eine ernsthafte Vermutung, die auch im 19. Jahrhundert wesentlich zu der Kastellthese beigetragen hat, stützt sich auf die bei St. Johann in der Niederburg gefundene Terra sigillata, die in einigen Publikationen auch dazu führte, in diesem Raum ein frühes Kastell anzunehmen. Unter den dort gefundenen 287 Terra-sigillata-Bruchstücken (Stand 1981) fanden sich 29 Scherben aus der 1. Hälfte des 1. Jahrhunderts, darunter jedoch keine arretinische oder transpadanische Ware der augusteischen Zeit. Die älteste bisher gefundene Scherbe weist auf die Produktionsstätte von La Graufesenque in Südgallien hin und könnte noch der späten Regierungszeit des Tiberius (14–37) angehören. Wahrscheinlich ist, daß die bei St. Johann gefundene frühe Terra sigillata aus claudischer Zeit stammt. Während Harald von Petrikovits in einem Gutachten für das Stadtarchiv Konstanz von 1957 einige Funde als Arretina aus- und einige der Zeit des Tiberius zuweist, geht P. Revellio davon aus, daß das frühe Fundgut aus claudischer Zeit stammt. Eine neuere Grobbestimmung durch D. Wollheim ergab eindeutig, daß sich unter den frühen Terra-sigillata-Funden keine italische Ware befindet. Revellio vertrat auch die Ansicht, daß die Terra-sigillata-Funde ab der flavischen Zeit (69) rückläufig seien, was, geht man von der Zahl der Fundstücke aus, nicht bestätigt werden kann.

Er wie auch später G. Bersu wurden so dringend um eine Grabung in Konstanz gebeten, daß ihnen keine Zeit blieb, sich mit den Beständen des Museums zu befassen, zumal diese sehr ungeordnet und schlecht zugänglich waren und keine Katalogisierung vorhanden war. Erst 1983 wurde eine solche Fundliste erstellt und dem Rosgartenmuseum als Arbeitsunterlage übergeben. Bis zu diesem Zeitpunkt hatte auch das aufbewahrende Museum keinen klaren Überblick über die Fundbestände. Die wissenschaftliche Bearbeitung der Konstanzer Terra sigillata wird erst seit etwa zwei Jahren teilweise durch das Projekt Konstanz des Landesdenkmalamtes und teilweise in Verbindung mit der Universität Freiburg vorgenommen.

Während arretinische oder transpadanische Ware im schweizerischen oder oberschwäbischen Raum lange als Zeugnis einer militärischen Präsenz gewertet wurde, was in einigen Fällen auch zutreffend ist, muß dies beim Fund südgallischer Terra sigillata nicht unbedingt ein zwingender Hinweis sein. Es war daher zunächst zu prüfen, ob die in Konstanz gefundene frühe Ware aus den südgallischen Produktionsstätten Indiz für die Anwesenheit einer Truppe sein könnte. Zu dieser Frage sei auf Herbert Nesselhauf[3] verwiesen, der die oft vorgenommene Koppelung zwischen früher Keramik und einer Truppenstationierung in Frage stellt. Auch für das Konstanzer Fundmaterial ist ein solcher Zweifel angebracht. Die hier gefundene Terra sigillata stammt vorwiegend aus den Jahren 30 bis 50, soweit es die 1. Hälfte des 1. Jahrhunderts betrifft, also aus einer Zeit, als der größte Teil der Hochrheinregion und der Bodenseeraum bereits weit über 40 Jahre und mehr, wenn auch nicht durchgängig besetzt, zum römischen Herrschaftsbereich gehörte. Ob sich nun die römische Siedlung in Konstanz in einer Kontinuität mit einer spätlatènezeitlichen Keltensiedlung befand oder nicht – diese Frage ist ja noch ungeklärt –, muß doch zumindest ab dem Jahre 30, wenn nicht schon früher, eine Belieferung durch den sehr rührigen römischen Zivilhandel ernsthaft in Erwägung gezogen werden. Eine alleinige Zuweisung der Terra sigillata aus Konstanz an das Militär ist daher nicht schlüssig zu begründen. Die allgemeine Lage am Hochrhein in diesen Jahren war stabil, eine Bedrohung dieses Raumes in der 1. Hälfte des 1. Jahrhunderts ist weder überliefert noch anzunehmen. Der sehr ausgedehnte römische Handel, der zu dieser

Zeit bereits Britannien erreichte, weit über die römischen Militärgrenzen hinausgriff und später sogar das Weichselgebiet belieferte, dürfte aus der Situation am Hochrhein und am Bodensee in den Jahren zwischen 30 und 50 Vorteile gezogen haben. Orte, die bereits seit so vielen Jahren im befriedeten römischen Herrschaftsbereich lagen, waren sicher in den römischen Zivilhandel einbezogen. So ist gerade für die spättiberianische Zeit und noch mehr für die Zeit des Claudius das Auftreten südgallischer Keramik in keiner Weise ein Indiz für eine Truppenstationierung in Konstanz. Selbst das Auftreten weniger Arretina, die es in Konstanz nicht gibt, wäre nicht unbedingt ein schlüssiges Indiz gewesen. Denn seit Caesars Zeiten waren die Helvetier vertraglich mit Rom verbunden, und andere Funde, z. B. aus dem keltischen oppidum von Altenburg bei Schaffhausen, belegen, daß der römische Handel bereits vor dem Auftreten der Römer in Helvetien diesen Raum erreicht hatte. Ein Beweis für eine Belegungstruppe wäre möglicherweise dann gegeben, wenn auch andere Funde aus Konstanz mit der hier ergrabenen Keramik korrespondieren und auf eine militärische Besatzung hinweisen würden. Die Keramik allein kann zwar in Einzelfällen als Indiz gewertet werden, doch genügt dies zu einer Aussage allein nicht. Wenn antike Quellen fehlen, gibt nur ein Baubefund Gewißheit. Eine Vermutung wäre dann begründet, wenn auch noch andere, für das Militär typische Funde vorliegen.

Unter den Bronze- und Eisenfunden (Stand 1986) befinden sich lediglich ein Hufeisen, drei bronzene Pfeilspitzen und ein Speerblatt, die man dem Militär zuordnen könnte, doch sind diese Funde zeitlich nicht bestimmt und können so zu einer Beurteilung nicht herangezogen werden. Man geht wohl nicht fehl, wenn man diese Funde der Spätantike zurechnet. Andere Materialfunde, wie etwa halbierte Münzen oder Spielsteine, die man dem Militär zuweisen könnte, liegen nicht vor. So kann der heute vorhandene Fundbestand auch keinen Schluß auf eine frühe Truppenbelegung zulassen.

Eine ähnliche Situation ergibt sich aus den insgesamt 50 Konstanzer Fundmünzen (Stand 1982), von denen nur drei aus der 1. Hälfte des 1. Jahrhunderts stammen. Bis zum Ende der flavischen Zeit im Jahre 96 liegen noch weitere drei Münzen vor. Beginnt man mit der Regierungszeit des Augustus gibt es für Konstanz in einem Zeitraum von 126 Jahren nur sechs Fundmünzen, die zudem keinen zeitlichen Schwerpunkt erkennen lassen. Auch hieraus und aus der langen Umlaufzeit früher Münzen, deren Verlust nur schwer einzugrenzen ist, kann keine Erkenntnis über eine Truppenstationierung oder gar ein Kohortenlager gewonnen werden. Ein Vergleich der Fundmünzen aus Konstanz mit denen aus Hüfingen, Rottweil und Straubing zeigt deutlich das Fehlen eines Schwerpunktes, der einen Schluß auf einen Besatzungszeitraum ermöglichen könnte:

Münzreihe	Konstanz	Hüfingen	Rottweil	Straubing
Augustus	1	10	5	3
Tiberius	1	8	5	1
Caligula	1	3	–	–
Claudius	–	9	7	3
Nero	1	6	3	–
Galba	1	–	1	1
Otho	–	–	–	–
Vitellius	–	–	–	–
Vespasian	–	10	8	4
Titus	–	–	6	3
Domitian	1	–	37	25

Die für Konstanz vorliegende geringe Fundmenge läßt sich zum Teil mit den flächenmäßig nicht sehr großen Grabungsarealen erklären, doch entspricht sie andererseits auch wieder den anderen Funden hinsichtlich der Kastellfrage.

Eine zentrale Rolle für die Meinungsbildung sowohl für eine frühkaiserzeitliche wie spätantike Befestigungsanlage in Konstanz kommt einigen grabenähnlichen Vertiefungen zu, die sowohl im 19. Jahrhundert am westlichen und südlichen Münsterhügel als auch im Jahre 1931 bei der

Grabung Revillo/Beck an der südlichen Peripherie des Münsterhügels angeschnitten wurden. Eine der Vertiefungen hat, wie die im 19. Jahrhundert gefundenen, eine spitzgrabenähnliche Form. Dieser »Spitzgraben« wird nun immer wieder als Beweis für ein Militärlager herangezogen, und es muß daher näher auf diesen Befund eingegangen werden. Ausgehend von der Fundlage und dem heutigen Kenntnisstand ist zu untersuchen, ob hier tatsächlich ein Grabensystem angeschnitten wurde (Abb. 4–5).

Leider ist der Fund am westlichen Münsterplatz nicht ausreichend dokumentiert, und es liegt für die im 19. Jahrhundert durchgeführte Grabung am südlichen Münsterhügel nur eine Zeichnung von Restle[4] vor, so daß vorwiegend auf die Zeichnungen von Paul Motz[5] aus dem Jahre 1931 zurückgegriffen werden muß. Da damals nicht nach der stratigraphischen Methode gegraben wurde, ist für die Kleinfunde keine ausreichende Fundlagenbeschreibung erfolgt, und in seiner späteren Veröffentlichung ging Motz vorwiegend nur auf die Mauerfunde und nicht auf die Kleinfunde oder die späteren Verfüllungen der Vertiefungen ein. Zunächst aber scheint seine Annahme, der »Spitzgraben« am südlichen Münsterhügel sei dort der erste menschliche Bodeneingriff, von Bedeutung. Dies und einige Feststellungen von Revellio, so insbesondere zu den Grabenverfüllungen, waren denn auch Ausgangspunkt der hier angestellten Überlegungen. Zur Beurteilung lagen folgende Grabungserkenntnisse vor:

1. Die von Alfons Beck in der Hinterfüllung der Hofhaldemauer (sog. Mauer I) gefundene Terra sigillata aus dem 1. Jahrhundert lag zusammen mit spätrömischer Keramik, befand sich also eindeutig nicht in situ, sondern in einer Sekundärlage. Gerade in diesem Bereich haben bereits sehr früh ausgedehnte Planierungen stattgefunden.
2. In der Verfüllung der spitzgrabenähnlichen Vertiefung in Schnitt C–C wurde Keramik des 1. und 2. Jahrhunderts gefunden.
3. Die Vertiefung im Parallelschnitt D–D, in der auch ein säulenartiger römischer Tischfuß gefunden wurde, wies in der oberen Verfüllschicht (nicht Deckschicht) frühmittelalterliches Scherbenmaterial auf, darunter »römische plumpe Tellerrandstücke, ein sigillatabruchstück mit sehr rohem Eierstab und auf der Sohle Bruchstücke von Reibschalen.« Dies deutet neben dem mittelalterlichen Fundmaterial auf spätrömi-

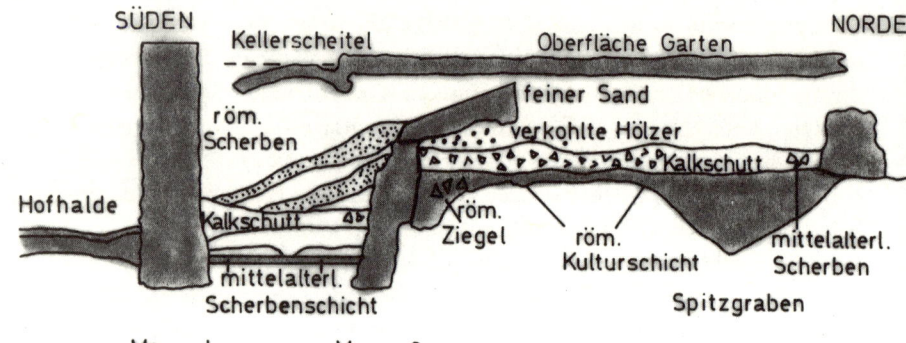

SÜDEN

Kellerscheitel

Oberfläche Garten

NORDE

röm.
Scherben

feiner Sand

verkohlte Hölzer

Kalkschutt

Hofhalde

Kalkschutt

röm.
Ziegel

röm.
Kulturschicht

mittelalterl.
Scherben

mittelalterl.
Scherbenschicht

Spitzgraben

Mauer 1

Mauer 2

Mauer 3

(1931 A. BECK)

Abb. 4   Grabung 1931, Münsterhügel

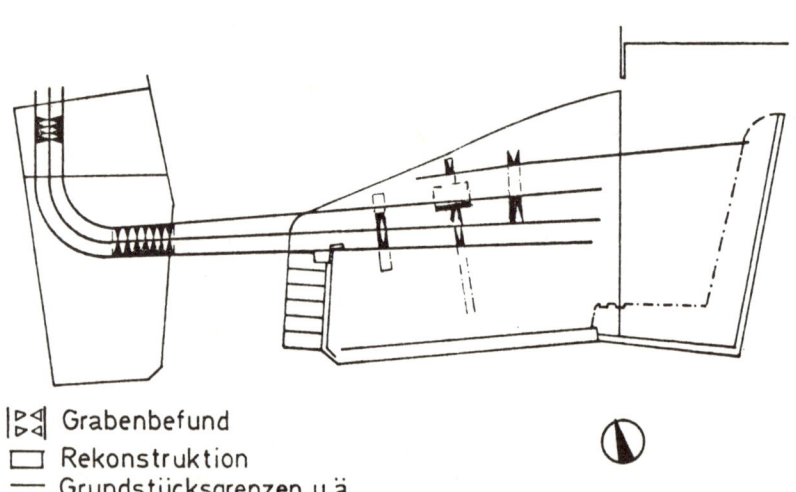

|⋈| Grabenbefund

⬜ Rekonstruktion

— Grundstücksgrenzen u. ä.

— Spät- u. nachmittelalterliche Mauern

–·– Grabungsgrenze

Konstanz, Münsterhügel, Rekonstruktion der röm. Gräben
aufgrund der Befunde 1887 – 1974. (nach Erdmann / Zettler)

*Abb. 6   Rekonstruktion eines angeblichen Grabungssystems am
südlichen Münsterhügel*

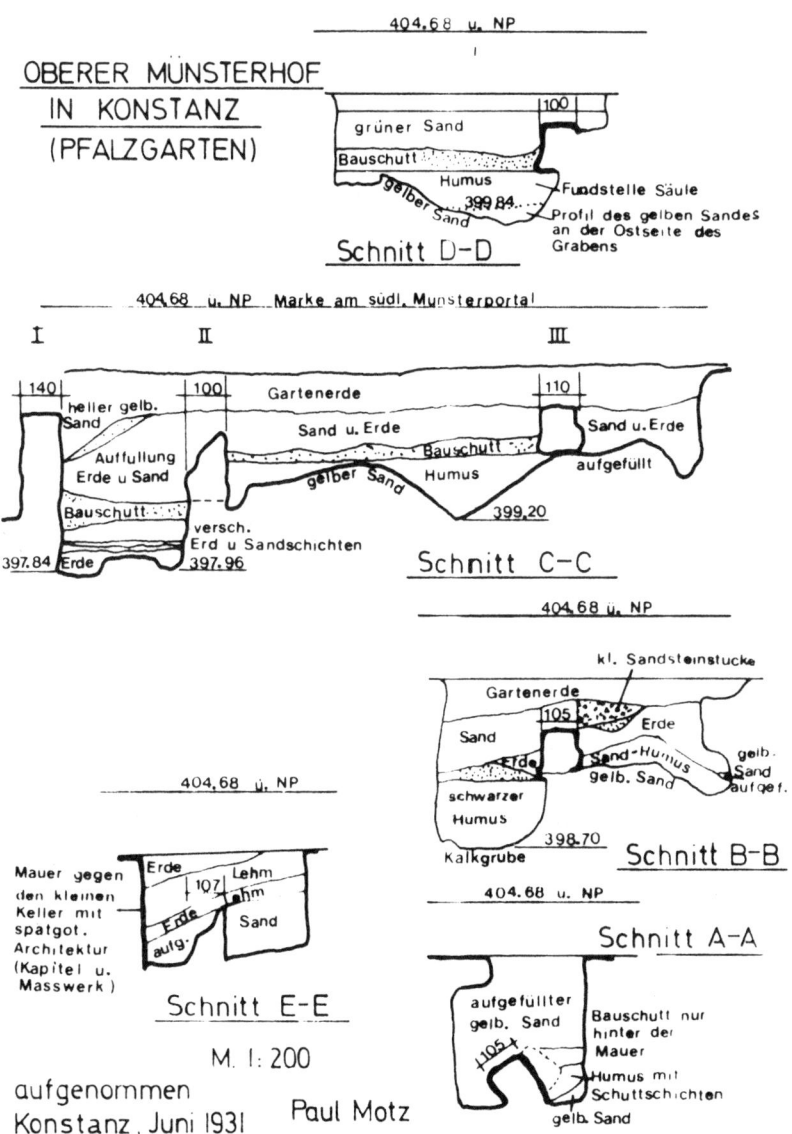

Abb. 5   Grabungszeichnungen von G. Motz, Grabung 1931

51

sche Ware hin. Nach Aussagen Revellios befand sich in der Grube keine frührömische Keramik. Weder die Abmessungen noch die Form der Vertiefung stimmen mit dem Bild im Schnitt C–C überein.

4. Im Schnitt B–B lag auf Höhe der anderen Vertiefungen eine Kalkgrube, wobei es jedoch keinen Hinweis gibt, daß diese in einen bestehenden Graben eingetieft worden war. In der Verfüllschicht befanden sich Scherben aus dem 2. und 3. Jahrhundert, und mittelalterliches Abfallmaterial lag in der Deckschicht.

Wenn auch die spitzgrabenähnliche Vertiefung in Schnitt C–C eine frappierende Ähnlichkeit mit der Zeichnung von Restle aufweist, stimmen doch die Abmessungen dieser Vertiefungen nicht überein, sie weichen, wie Motz in seinem Bericht sagt, doch ganz wesentlich von einander ab. Wer solche Anlagen kennt, weiß, daß auf so kurze Entfernungen wie hier zwischen den beiden Fundstellen ein römisches Grabensystem keine so bedeutenden Differenzen in den Abmessungen aufweist. Trotz dieser Unterschiedlichkeit haben nun Erdmann/Zettler die Befunde aus dem 19. Jahrhundert und aus der Grabung 1931 zeichnerisch zusammengezogen (Abb. 6), und so ergibt sich das Bild eines römischen Grabensystems. Es fällt jedoch auf, daß durch die verschiedenen Breiten die Linien nicht mehr parallel verlaufen, sondern nach Osten zu breiter werden, ohne daß hier ein Grund ersichtlich ist. Leider gehen Erdmann/Zettler in ihrer eigenen Veröffentlichung[6] nicht auf die Verfüllungen und diese unterschiedlichen Abmessungen ein. Sie gehen von einem Grabensystem aus, wobei sie aber an anderer Stelle einräumen müssen, daß ein Hinweis auf ein Kastell noch nicht gefunden wurde. Gerade hier aber verliert die Diskussion die Konturen, denn geht man von einem Grabensystem aus, wird man dieses auch einer Befestigung zuordnen müssen, wobei nicht unbedingt an ein Kastell gedacht werden muß. Hier läge demnach ein möglicher Beweis vor, könnte man das Grabensystem wirklich zweifelsfrei belegen.

Gerade die Verfüllungen der an der Hofhalde festgestellten Vertiefungen liefern aber das stärkste Argument, neben den von Motz festgestellten verschiedenen Abmessungen, gegen ein Grabensystem. Aus den Verfüllungen geht hervor, daß die nur wenige Meter voneinander entfernten Vertiefungen, wie sie von den Schnitten erfaßt wurden, nicht zur gleichen

Zeit aufgefüllt worden sind. Diese Auffüllung geschah im Abstand von Jahrhunderten. Es müßten sich die Verfüllungen mit vielleicht kleinen Abweichungen entsprechen. Es ist aber doch nicht ernstlich anzunehmen, daß man einen kleinen Grabenteil z. B. in Schnitt C–C im 3. Jahrhundert auffüllte, denn dort lag nur Keramik aus dem 1./2. Jahrhundert, und drei Meter entfernt davon hätte man den Graben erst im Mittelalter zugeschüttet. Man kann aber auch nicht annehmen, daß bei einer mittelalterlichen Verfüllung oder Planierung das Scherbenmaterial aus der römischen Zeit nur durch Zufall so säuberlich getrennt wurde. So lange hierfür keine ausreichende Erklärung gegeben werden kann, muß man sich an die Aussagen des Ausgräbers Revellio halten, der unmißverständlich erklärte, daß die Befunde aus der Grabung von 1931 nicht für ein Grabensystem sprechen. Damit entfällt aber der bisher einzige »Beweis« für ein Befestigungssystem am südlichen Münsterhügel und damit für eine Kastellanlage, sei sie nun frühkaiserzeitlich oder spätantik. Für den Nachweis einer Kastellanlage bedarf es der Belege, Vermutungen genügen nicht. Nun gibt es in der Archäologie immer wieder Überraschungen, und deshalb muß, bevor nicht der Raum um die Mariensäule südlich des Münsters untersucht ist, an dieser Stelle nochmals darauf verwiesen werden, daß diesen Ausführungen der heutige Kenntnisstand zugrundeliegt und nur nach diesem eine Beurteilung erfolgt. Da man seit dem 19. Jahrhundert fest annahm, daß sich auf dem Münsterhügel ein oder zeitlich verschieden mehrere Kohortenlager befanden, hat man immer wieder nach Beweisen hierfür gesucht. Dies ist sicherlich legitim und notwendig, wie es legitim ist, nach Antworten zu suchen. In den Vertiefungen am südlichen Münsterhügel glaubt man, den »Beweis« dafür gefunden zu haben – doch kann er eben nach eingehender Überprüfung nicht als solcher gewertet werden.

Die im Schnitt D–D gefundene Kalkgrube liefert ein weiteres Argument gegen ein Grabensystem. Die Kalkgrube weist nach den Zeichnungen von Motz senkrechte Wände auf, hat jedoch an der Oberkante nicht die Breite des »Spitzgrabens« in Schnitt C–C. Hätte man demnach die Kalkgrube später in den Spitzgraben eingebracht, müßten in der Erdverfärbung noch Anschnitte des Spitzgrabens, der ja an seiner Oberkante über die Kalkgrube hinausreiche, festzustellen sein. Dies ist nicht der

Fall. Die Kalkgrube wurde also nicht später in einen Spitzgraben eingetieft, sondern steht für sich allein.

Revellio schreibt in seinem Abschlußbericht in den Badischen Fundbe-
richten II, 1929–1932: »Noch wird es in Konstanz weiterer, sorgfältiger
und ausdauernder Arbeit bedürfen, ehe man zu wirklichen Ergebnissen
kommt . . . und damit wird sich auch eine vorschnelle Berichterstattung
abfinden müssen, die glaubte, aus einem einzigen Schnitt die Geschichte
des römischen Konstanz herauslesen zu können. Sie hat der Untersuchung einen schlechten Dienst erwiesen.«[7] Dem ist nichts hinzuzufügen.

Leider haben sich die Erkenntnisse, die Revellio im Jahre 1931 erlangte,
nicht durchgesetzt. Sie wurden überdeckt durch zahlreiche Zeitungsveröf-
fentlichungen von Beck, der auch weiterhin von einem römischen Grabensystem ausging und auch immer wieder die sogenannte Mauer III als
römisch ansprach. Daß Beck den amtlich bestellten Revellio nicht sehr
schätzte und damit auch seine Ergebnisse nicht akzeptierte, hatte einen
persönlichen Grund, der hier genannt werden muß, da er im Hinblick auf
die Meinungsbildung, die Beck betrieb, Konsequenzen hatte. Zunächst
hatte Beck am Hofhaldeaufstieg einige Löcher gegraben, was Otto Leiner,
einem Sohn Ludwig Leiners, mißfiel. Leiner wandte sich an die Denk-
malsbehörde nach Karlsruhe, und von dort wurde dann Revellio offiziell
mit der Weiterführung der Grabung beauftragt. Revellio war nur wenige
Tage in der Woche an der Grabungsstelle selbst anwesend, und die Tage
seiner Abwesenheit benützte Beck, um nach eigenem Konzept zu graben.
Dies führte zu heftigen Auseinandersetzungen mit Revellio, der dadurch
keine eigenen Grabungsideen verfolgen konnte. Dieser Streit führte zu einer tiefgehenden Verstimmung, und Revellio ging später bei seinem offiziellen Grabungsbericht – was sicher ungewöhnlich ist – auf diese Un-
stimmigkeiten ein. Beck hatte »seinen Beweis« für ein Kastell gefunden
und nahm die Tatsachen nicht mehr zur Kenntnis. Es war das Wunschdenken von Beck, das in die Literatur und das Bewußtsein des Bürgers ein-
floß, und nicht die nüchternen Feststellungen des Ausgräbers. Hierbei
muß berücksichtigt werden, daß sich Beck mit seinen Ansichten ja in der
Tradition des 19. Jahrhunderts befand. Auch Motz, der beauftragt war,
die Grabungszeichnungen anzufertigen, ging zunächst in einem Schrei-

ben an das Städtische Hochbauamt Konstanz vom 30. 4. 1931 von einem Kastell aus, und er schrieb: »Den einen Erfolg haben die Grabungen gehabt: Es wurden die bereits vermuteten Begrenzungen des Römerkastells und der Bischofsburg auf der Südseite des Münsters auf ein weiteres Stück bestätigt . . .« Möglicherweise stand er bei dieser Aussage noch unter starkem Einfluß von Beck, denn in seinem Abschlußbericht an den Oberbürgermeister der Stadt Konstanz vom 25. 7. 1931 heißt es dann: »Im großen und ganzen ist das Resultat des Suchens nach dem römischen Kastell negativ gewesen. Aber auch dieses Ergebnis ist wichtig für die Beurteilung der Entwicklung der frühen Stadt.« Hier rückt Motz klar und unzweideutig von seinem Schreiben an das Städtische Hochbauamt vom April 1931 ab und vertritt auch nicht mehr die These, man habe einen Beweis für das Kastell gefunden. Im Grabungsbericht von Revellio heißt es als Ergebnis der Grabung kurz und bündig: »Bis jetzt sind zwar zahlreiche Spuren, die auf eine zivile römische Siedlung hinweisen, gefunden. Von einer militärischen Anlage war mit Sicherheit bis jetzt noch nichts nachzuweisen.« Noch über 30 Jahre später hat Beck immer wieder das Gegenteil vertreten und auch heute noch lebt die Legende in vielen Publikationen weiter.

Die in Schnitt C–C hinter der sogenannten Mauer III ersichtliche leichte Erdwölbung einer leider nur im Ansatz angeschnittenen Abtiefung hielt auch Revellio einer weiteren Untersuchung wert. Da die Grabung 1931 aus finanziellen Gründen eingestellt werden mußte, konnte gerade dieser Teil durch Verlängerung des Suchschnittes nicht mehr abgeklärt werden. Heute aber bereits von einem Parallelgraben zu sprechen[8] ist Spekulation. Auch hier ist mit dem heutigen Wissensstand nur festzustellen: Es liegt kein Beleg für ein solches paralleles Grabensystem vor. Hier müssen zunächst neue Untersuchungen ansetzen, um letztlich einen klaren Befund zu bringen.

Nachdem nun dem »Spitzgraben« ein so breiter Raum gewidmet wurde, muß jetzt noch auf die gefundenen Mauern eingegangen werden. Die neueren Untersuchungen des unteren Teils der Hofhaldemauer im Jahre 1978 ergaben die Bestätigung für die Beobachtung von Erdmann/Zettler[9] aus dem Jahre 1974, daß es sich um die Mauer der alten Bischofsburg handle. Die Mauerungstechnik wies in das frühe Mittelalter. Soweit es sich um die Mauern II und III handelt, wiesen Erdmann/Zettler nach, daß sie zu einem Nebengebäude der Bischofsburg/späteren Pfalz gehörten. Doch auch hier gab es 1931 widerstreitende Meinungen. So schreibt Motz am 30. 4. 1931: »Die Mauer II scheint aus zwei Teilen zu bestehen, wovon die obere im Mittelalter auf eine frühere aufgesetzt sein könnte. Die Mauer III scheint mittelalterlich zu sein . . .« Revellio schreibt in seinem Grabungsbericht an die Stadt Konstanz: »Wie die sie verbindende Schuttschicht zeigt, gehörten die beiden von Beck freigelegten Mauern (II und III) zu einem Gebäude, von dessen Zerstörung die Schuttschicht stammt; da in dieser Schuttschicht mittelalterliche oder noch spätere glasierte Münsterdachziegel gefunden wurden, so gehört das Gebäude und seine Zerstörung in mittelalterliche oder nachmittelalterliche Zeit.« Diese Aussagen des Ausgräbers wurden durch die Untersuchungen von Erdmann/Zettler bestätigt. Im Hinblick auf eine spätantike Militäranlage ist auf diese Mauer noch einmal einzugehen. Zusammenfassend ergibt sich die Feststellung: Weder aus der bisher gefundenen Keramik oder anderen Kleinfunden, noch aus den Vertiefungen am südlichen Münsterhügel oder den freigelegten Mauern ist der Nachweis für ein Kastell der frühen Kaiserzeit zu führen.

Da über die Funde das oft postulierte frühe Kastell nicht zu belegen ist, werden nun auch die historischen Aussagen in die weiteren Überlegungen mit einbezogen. Wendet man sich den Thesen zu, die eine Kastellvermutung militärhistorisch begründen, sind es vor allem zwei Annahmen, die näher betrachtet werden müssen. Petrikovits folgert unter Hinweis auf die Kleinfunde von Aislingen und Burghöfe, daß bereits um das Jahr 20 eine durchgehende militärische Besetzung der oberen Donau erfolgte und Konstanz Angelpunkt einer tiberianischen Kastellkette war, die hier, von der oberen Donau kommend, zum Hochrhein umbog[10], und verficht eine durchgehend befestigte Donaulinie, die zumindest im Raume Tuttlingen – Hüfingen heute allgemein erst mit Claudius in Verbindung gebracht wird. Er geht aber damit auch von einer durchgehenden Befestigung der Hochrheinregion aus, die nicht belegt werden kann. Die zweite, weniger bestimmt vorgetragene Annahme Gerhard Fingerlins[11] geht davon aus, Konstanz habe mit einem Militärlager als Flankenschutz für den unter Claudius unternommenen Vorstoß an die oberste Donau gedient.

Die Untersuchungen zum Tiberiusfeldzug des Jahres 15 v. Chr. haben gezeigt, daß in den Jahren nach der Eroberung des Alpenvorraumes dem bayerischen und helvetischen Bereich aus dem germanischen Raum keine Gefahr drohte. In dieser Zeit waren es an der oberen Donau und am Hochrhein nicht die Germanen, die Angriffshandlungen führten, es waren die Römer, die expandierten, mit dem günstig plazierten Legionslager Dangstetten das Vorfeld beherrschten, in den gegnerischen Raum hineinwirkten oder das Vorfeld über Verträge sicherten. Nach Aufgabe der Offensivpolitik durch Tiberius genügte das Lager Vindonissa zur Deckung des helvetischen Raumes und der Narbonensis. Es gab demnach keinen Grund, die Hochrheinfront linear zu befestigen, ausgenommen wichtige Flußübergänge, etwa bei Basel und Zurzach. Dort waren wichtige Brükken, und außerdem konnten an diesen Übergängen auch Zollaufgaben wahrgenommen werden. Daß Tiberius zu einer defensiven Politik überging, ist noch keine Begründung für eine durchgehende Befestigung, wie sie etwa später in Form des Limes entstand. Es kann daher nicht ausgeschlossen werden, daß das spätere Limesdenken und moderne Grenzvorstellungen zur These einer durchgehenden Befestigungslinie führten. Für eine solche Linie fehlt es sowohl an der oberen Donau bis hin zum Raume Tuttlingen an Belegen, noch gibt es Verbindungsglieder von Tuttlingen nach Konstanz oder Bregenz, wie dies in der Spätantike der Fall ist. Für die These, die Petrikovits vertreten hat, gibt es auch nicht den geringsten Anhalt. Da er seine These nicht begründete, ist auch unklar, wie seine Vermutungen entstanden. Daß an der Donau einige wenige Kastelle bestanden, hängt wie am Hochrhein nicht mit einer generellen Befestigung der Donaulinie zusammen, sondern mit dem Schutz wichtiger Übergänge. Die heute vorherrschende Meinung geht immer noch davon aus, daß erst unter Claudius eine linear angelegte Befestigung erfolgte.

Interessanter erscheint hier schon die These von Fingerlin, denn sie führt in claudische Zeit, mit der wohl auch die Keramik in Konstanz einsetzt. Der einzige Vorstoß der Römer auf Dauer erfolgte vom Hochrhein aus auf der Linie Vindonissa – Schleitheim in den Raum Hüfingen im Zuge der Besetzung der obersten Donau unter Claudius, etwa in der Mitte des 1. Jahrhunderts. Da dieser alte Keltenweg später zu einer wichtigen Verkehrsader wurde, die auch auf der Tabula Peutingeriana eingezeichnet ist, schloß man zur Straßensicherung auf ein frühkaiserzeitliches Kastell. Doch gelang es auch dort nicht, eine solche Anlage nachzuweisen. Erst in neuester Zeit rückt man von einem Kastell an diesem Orte ab.

Die Annahme, Konstanz habe als Flankenschutz für den Vorstoß nach Hüfingen gedient, widerspricht den allgemein gültigen Regeln militärtaktischer und militärstrategischer Verhaltensweisen. Bleibt man bei der heute allgemein akzeptierten Meinung, der Vorstoß nach Hüfingen sei über die Linie Vindonissa – Zurzach – Schleitheim erfolgt, mußte für einen Flankenschutz, so er überhaupt nötig war, entweder der nächstgelegene Brückenkopf bei Eschenz besetzt werden, oder es mußte ein nach rückwärts abgesetzter Parallelvorstoß erfolgen. Wahrscheinlicher wäre hier noch ein gleichzeitiger Vorstoß entlang der Donau von Ost nach West, doch gibt es auch hierfür keine Belege. Keinesfalls war jedoch bei der gegebenen Militärlage für die Besetzung des Raumes Hüfingen ein Militärlager in Konstanz erforderlich, zumal mit Angriffshandlungen gegen die Expeditionsstreitkräfte nicht gerechnet werden mußte. Hinzu kommt, daß die geographische und topographische Lage von Konstanz als Flankenschutz denkbar ungünstig gewesen ist. Eine in Konstanz ortsgebundene Truppe hätte ihrer Aufgabe als Flankenschutz nicht in vollem Umfang nachkommen können, da ein Rheinübergang beschwerlich war und nur nach Süden eine gute Straßenverbindung bestand. Für einen gegnerischen Flankenangriff oder für einen Vorstoß eines Gegners auf die logistischen Stützpunkte der Römer wäre eine Truppe in Konstanz keine schnell zur Verfügung stehende Eingreifreserve gewesen. Die Truppe wäre zu weit ab vom Vormarschweg gelegen. So gibt es bis heute keine logische Begründung für ein Konstanzer Kastell zu claudischer Zeit. Nicht auszuschließen ist ein kleinerer Posten, der Verwaltungs- und Polizeiaufgaben wahrnahm, dazu bedurfte es aber keines befestigten Lagers und vor allem keiner Kohorte. Selbst an ein Centenarium wäre dabei nicht zu denken. Der Vorstoß an die oberste Donau erfolgte reibungslos, keine antike Quelle spricht von Gefahrenmomenten oder vom Zusammenziehen feindlicher Kräfte. Ein Angriff auf Konstanz war schon wegen der schwierigen topographischen Verhältnisse nicht zu befürchten. Was aber spricht denn dann für eine Militäranlage, nachdem schon die Funde keinen Hinweis geben?

Noch zwei weitere Vermutungen seien gestreift. Die eine betrifft Konstanz, die andere die Hochrheinregion ganz allgemein.

Es ist dies die neuerdings aufgetauchte Vermutung, in Konstanz habe sich ein flavisches Kastell befunden[12]. Die These wird weder begründet noch belegt. Warum sollte in flavischer Zeit (69–96) im befriedeten Hinterland, an einem zweitklassigen Fähreübergang ein Kastell angelegt werden? Damals war die Grenze bereits bis in den Raum Rottweil vorgeschoben. Bleibt für die weitere Untersuchung die Frage einer burgi-Kette am Hochrhein.

Das Fehlen einer frührömischen burgi-Kette, wie sie Stähelin postulierte, die sich wie in der Spätantike entlang des Hochrheins befunden haben soll, von der man aber nichts gefunden hat, wird bei einigen Autoren damit erklärt, daß eben von Holz-Erde-Anlagen nichts mehr gefunden werden könne oder das Gelände inzwischen abgerutscht sei. Dies reicht jedoch für eine ernsthafte Vermutung nicht aus. Über Erdverfärbungen sind solche Anlagen sehr wohl noch zu erkennen – wie sich auch in Dangstetten zeigte – und ein Geländeabbruch müßte nachgewiesen werden. Hinsichtlich einiger spätrömischer burgi am Hochrhein läßt sich ein mehrfacher Geländeabbruch tatsächlich belegen, und dies mag bei einer Erklärung über das Fehlen eines Nachweises für eine frühe burgi-Kette eine gedankliche Basis gewesen sein. Daß gerade eine solche Erklärung Anhänger fand, zeigt sich deutlich an einer Vermutung Bersus hinsichtlich des Fehlens einer burgi-Kette zwischen Stein a. Rh. und Arbon in der spätrömischen Zeit. Auch er nahm an, daß man solche burgi nicht mehr gefunden habe, weil sie abgerutscht seien. Daß in diesem Grenzabschnitt auch in der Spätantike im Gegensatz zum Hochrhein eine burgi-Kette unnötig war, wird im Kapitel zu einem spätantiken Kastell ausgeführt. Es sollte an diesem Beispiel gezeigt werden, daß man es sich manchmal zu leicht machte. Eine Vermutung allein genügt eben nicht, sondern man muß auch eine belegbare oder wenigstens stichhaltige Begründung geben. Uferabbrüche gab es und sie lassen sich ebenso nachweisen wie das Abrutschen einiger später burgi – nicht jede Lücke kann aber damit erklärt werden und schon gar nicht die Gesamtheit der burgi, die einige Autoren bereits für die frühkaiserzeitliche Epoche publizierten.

Zum Schluß bleibt noch die Frage nach dem strategischen Stellenwert

der Siedlung, wobei nochmals auf die besonderen topographischen Verhältnisse hingewiesen werden muß. Die rechtsrheinischen Bodenverhältnisse ließen einen schnellen und breiten Zugriff zum Strom nicht zu. Dies war insbesondere durch die allgemeine Gefahrenlage in der Spätantike von Bedeutung; für die frühe Kaiserzeit, in der keine akute Gefahr drohte, war dies nur von geringem Interesse, weshalb diese Frage auch nur kurz gestreift wird. Die Annahme Revellios, Konstanz habe über einen besonders günstigen Rheinübergang verfügt, legt wohl mittelalterliche und neuzeitliche Verhältnisse zu Grunde und läßt die ursprünglichen topographischen Gegebenheiten außer Betracht. Wäre der Rheinübergang wirklich sehr günstig gewesen, hätte man nicht nur wie auch an anderen Orten am Hochrhein an einen Brückenbau gedacht, sondern hätte auch das über Konstanz führende Straßensystem verbessert. Da die Siedlung nur von Süden her gut zugänglich war, Rhein, See und Sümpfe einen natürlichen Schutzgürtel bildeten, feindliche Angriffe in der frühen Kaiserzeit nicht befürchtet werden mußten, ist der Schluß, diese Stelle habe besonders geschützt werden müssen, nicht zu begründen. Unzweifelhaft waren die Geländeverhältnisse für die Verteidigung geradezu ideal, und so war der strategische Stellenwert in der Spätantike nicht zu unterschätzen. Zu jener Zeit war aber im Gegensatz zur 1. Hälfte des 1. Jahrhunderts auch eine ganz unmittelbare Gefahr für den helvetischen Bereich, zu dem man Konstanz zählen muß, gegeben.
Abschließend darf festgestellt werden:

1. Es gibt weder eine ausreichende historische Begründung noch eindeutige Bodenbefunde, die die Vermutung eines frühen Kastells in Konstanz rechtfertigen.
2. Das Einsetzen der Terra-sigillata-Funde aus spättiberianischer oder claudischer Zeit kann so lange Zeit nach Eroberung des Landes nicht zwingend mit dem Militär in Verbindung gebracht werden, zumal auch andere Funde nicht mit einer solchen Kastellvermutung korrespondieren.
3. Die allgemeine Militärlage in der frühen Kaiserzeit sowohl am Hochrhein wie in der Bodenseeregion läßt keinen Schluß auf ein Truppenlager in Konstanz zu.

4. Die Stationierung eines zeitweilig kleinen Militärpostens ist in Verbindung mit dem Seeverkehr nicht auszuschließen, doch bedurfte es dafür keines befestigten Lagers, und es gibt auch keine Hinweise darauf.
5. Der strategische Stellenwert der Siedlung war in der frühkaiserzeitlichen Epoche nicht relevant, da keine Gefahr drohte und damit die besondere Sicherung des Platzes in der 1. Hälfte des 1. Jahrhunderts unnötig war.

Damit ergibt die Auswertung der Funde und die historische Lagebeurteilung nicht nur erhebliche Zweifel an einem frühkaiserzeitlichen Kastell, sondern gewichtige Anhaltspunkte für die Meinung, daß in Konstanz keine solche Anlage bestanden hat. Für eine abschließende Antwort fehlen zwar noch einige Erkenntnisse aus dem Bereich des nördlichen und südlichen Münsterhügels. Eine Beurteilung kann aber nur immer den aktuellen Wissensstand zur Grundlage haben. So fehlen bis heute klare Belege. Wo aber nichts belegt werden kann, sollte auch keine Vermutung weitergeschrieben und damit immer und immer wieder eine frühe Militäranlage suggeriert werden. Da die schon früher gegebenen Hinweise ignoriert wurden, sollte man nun endlich von der Kastellthese abrücken.

Der römische vicus

Während es keinen eindeutigen Beweis für eine frührömische Wehranlage gibt, ist für Konstanz eine römische Siedlung vom 1. bis 4. Jahrhundert nachgewiesen, die auch kontinuierlich bis ins frühe Mittelalter bewohnt war.

Die bisherigen Einzelbeobachtungen, Grabungsergebnisse und das Fundgut lassen jedoch in Verbindung mit der Kenntnis über die Bodenbeschaffenheit heute noch keine detaillierte topographische Festlegung der Siedlungsgrenzen, sondern nur eine allgemeine, grob abgegrenzte Siedlungsaussage zu. Dabei gibt es auch Hinweise auf eine zeitlich unterschiedliche Siedlungsentwicklung. Unter Berücksichtigung der Geländeformation und des zur Verfügung stehenden Siedlungsareals muß davon ausgegangen werden, daß sich der vicus im Raume der heutigen Niederburg und des nördlichen Münsterplatzes befand, mit einer zeitlichen Ausdehnung über den gesamten Hügel. Aus den Terra-sigillata-Funden kann – doch auch nicht mit letzter Sicherheit – geschlossen werden, daß sich die erste römische Siedlung auf dem Gebiet der Niederburg, wahrscheinlich zum Rhein hin orientierte. Dies würde auf eine gewisse Kontinuität mit der früheren keltischen Siedlung hinweisen, was bisher über die Funde nicht hergestellt werden konnte. Die über die Niederburg hinausgreifenden Fundplätze für diese Keramikart, vor allem im 2. und 3. Jahrhundert, auf dem Münsterhügel, zeigen die Fortentwicklung der Siedlung an. Obwohl im Zahlenvergleich für diese beiden Jahrhunderte die Masse der Terra-sigillata-Funde für eine wachsende Prosperität sprechen kann, ist dies noch nicht ganz gesichert. Erschließt man über die Bodenverhältnisse das Siedlungsareal, so kann davon ausgegangen werden, daß südlich der Hofhalde, westlich der Wessenbergstraße, im westlichen Bereich der Katzgasse, spätestens westlich der Gerichtsgasse und nördlich der Niederburggasse mit einer römischen Bebauung nicht mehr gerechnet werden kann.

In dem vermuteten Areal des vicus gibt es bis heute nur eine zweifelsfrei gesicherte Römerstraße. Dies ist die nach Süden über Wessenberg- und Hussenstraße führende Zubringerstraße nach Pfyn und damit zur großen römischen Überlandstraße Arbon – Pfyn – Oberwinterthur – Windisch – Augst – Basel. Der Verlauf der Straße nach Norden, die die Siedlung an der westlichen Peripherie tangierte, wird im Zuge der Konradigasse vermutet, wo man 1987 Anzeichen dafür fand[1]. Da sich das bisher späteste spätantike Grab beim Hause Wessenbergstraße Nr. 6 befand, die Römerstraße demnach direkt am Fuße des Münsterhügels verlief, ist eine Fortsetzung nach Norden zur Fähre im Zuge der Konradigasse durchaus anzunehmen, wobei die heutige Gasse nicht in ihrer gesamten Breite mit der Römerstraße deckungsgleich sein muß. Die Baufluchten haben sich im Mittelalter auch dort stark verändert. Eine beidseitige Bebauung der Straße (Konradigasse) ist anzunehmen. Die mehrfache Überbauung und die Veränderung der Baufluchten in der Niederburg werden es auch zukünftig sehr schwer machen, ein Bild des Straßenverlaufs innerhalb der Siedlung zu erhalten. Da keine Straßenbefunde innerhalb der Siedlung bisher festgestellt werden konnten, ist auch die innere Gliederung der

Siedlung unbekannt. Ein vor vielen Jahrzehnten publizierter »Straßenbefund« am Hofhaldeaufstieg zum Münsterhügel ist der Beschreibung nach eindeutig einem Estrich zuzuschreiben, wobei noch nicht einmal geklärt ist, ob dieser Estrich nicht mittelalterlich ist. Auf diesen Befund wird im Hinblick auf ein spätantikes Kastell noch zurückzukommen sein. Bestehen bleibt die Tatsache, daß es bis heute im innerörtlichen Bereich des vicus noch keinen Hinweis auf Straßen gibt.

Wie wenig man noch über die innere Gliederung des vicus weiß, geht schon daraus hervor, daß es keine Hinweise für öffentliche Bauten gibt, wie etwa eine Badeanlage, die unterstellt werden muß, Tempelanlagen, seien sie römisch oder gallo-römisch, wie sie in solchen Siedlungen üblich sind, Toilettenanlagen oder Lagerhäuser. Der im Areal des Klosters Petershausen gefundene Gigantenkopf könnte von einer Jupitersäule stammen und mit Abraum aus der Niederburg in das rechtsrheinische Gebiet verlagert worden sein, was allerdings auch nicht gesichert ist. Ebenso gibt es keine Anhaltspunkte für handwerkliche Produktionsstätten, die sicherlich vorhanden waren. Der am südlichen Münsterhügel von Ludwig Leiner gefundene Schmelzofen, den Beck als Hinweis auf ein Handwerkerviertel deutete, ist mittelalterlich.

Ein besonderer Siedlungsschwerpunkt, der zentrale Mittelpunkt des vicus, zeichnet sich bisher noch nicht ab, obwohl er zwischen St. Johann und dem nördlichen Münsterplatz vermutet werden darf. Dieser Bereich befindet sich zwar im Mittelpunkt des Siedlungsareals, doch ist damit nicht unbedingt gesagt, daß dieser geographische Punkt auch tatsächlich Mittelpunkt der Siedlung gewesen ist. Der Raum um St. Johann wurde wegen der Fülle an Keramikfunden verschiedentlich als Siedlungsschwerpunkt angesprochen. Für die zahlreichen Funde an dieser Stelle könnte es aber auch eine andere Erklärung geben. Während in der Niederburg durch die über Jahrhunderte reichenden Baumaßnahmen eine besonders schwierige Fundsituation vorherrscht, kommt man in dem heute zwar stark eingeengten, doch in Teilen immer noch vorhandenen früheren Freiraum um die im 10. Jahrhundert entstandene Kirche St. Johann ohne größere Schwierigkeiten an römische Schichten heran. Dies zeigte sich nicht nur bei der Grabung Beyerles im 19. Jahrhundert im Bereich von St. Johann, sondern auch bei der Grabung im Hof der Brückengasse 5–7 vor einigen Jahren. Aus diesem im Mittelalter nicht überbauten Raum könnten sich die vielen Funde erklären, die man dort erheben konnte. Obwohl man einen Siedlungsschwerpunkt in diesem Bereich oder wenig südlich davon annehmen kann, muß dies nicht der Fall sein. Nur noch an ganz wenigen Stellen der Niederburg gibt es eine so günstige Fundsituation. Eine letzte Möglichkeit, großräumig Erkenntnisse zu erhalten, besteht noch auf dem Münsterhügel bei der Fläche um die Mariensäule, doch sind Grabungen dort im nächsten Jahrzehnt nicht zu erwarten. Durch die Bayerische Akademie der Wissenschaften ist dort seit Jahren eine Grabung vorgesehen, doch ist diese leider nicht terminiert und dürfte noch auf sich warten lassen, da wichtigere Grabungen anstehen. Im übrigen Bereich der Niederburg wird man nur fragmentarisch noch Erkenntnisse gewinnen können.

Wendet man sich nun den Funden zu, ist zunächst die Frage nach den Baubefunden gestellt. Auch nach weitester Auslegung sind bisher nur sieben römische Gebäudeteile angeschnitten worden. Ein Estrichfund im Kreuzgangbereich des Münsters und der bereits benannte Estrich am südlichen Münsterhügel sind hierbei nicht erfaßt, da hier der römische Ursprung nicht gesichert ist und wahrscheinlich diese Bauteile dem Mittelalter zugerechnet werden müssen. Ein angeblicher Mosaikfund am nördlichen Münsterplatz[2] ist nicht dokumentiert und kann daher in diesem Zusammenhang auch nicht berücksichtigt werden. Es soll auch nicht Aufgabe dieser Abhandlung sein, detailliert über die archäologischen Befunde zu berichten, dies muß einer archäologischen Gesamtdarstellung vorbehalten bleiben. Hier sollen nur die bisherigen Erkenntnisse historisch verwertet werden und unter Berücksichtigung der archäologischen Funde zu einer Aussage führen.

Der im 19. Jahrhundert durch Beyerle in zwei Grabungen bei St. Johann erfaßte Bauteil ist römisch, doch blieb die Funktion des Hauses ungeklärt (Abb. 7). Auch der weiter südwestlich durch Beck aufgedeckte Baubefund dürfte zumindest teilweise römisch sein. Anschließend an den Grabungsplatz Beyerles wurden im Hofe der Brückengasse 5–7 Hinweise auf eine römische Bebauung gefunden. Weitere Hinweise auf römische Gebäude, möglicherweise aus dem 2. Jahrhundert, ergaben sich über Pfostenlöcher im Jahre 1987 in der Konradigasse[3]. Ein römischer Ofen aus

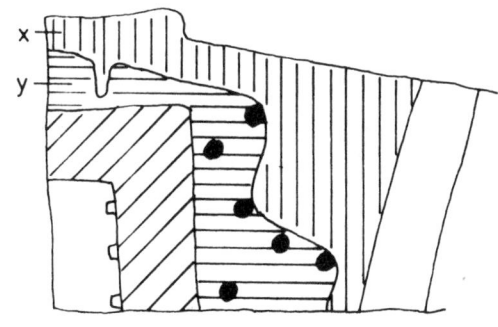

Abb. 7
Ausgrabung Beyerle 1894
bei St. Johann; römische
Hausreste. (Mörtelguß »x«
höher gelegen als Mörtel-
guß »y«, darüber eine Tür-
schwelle)

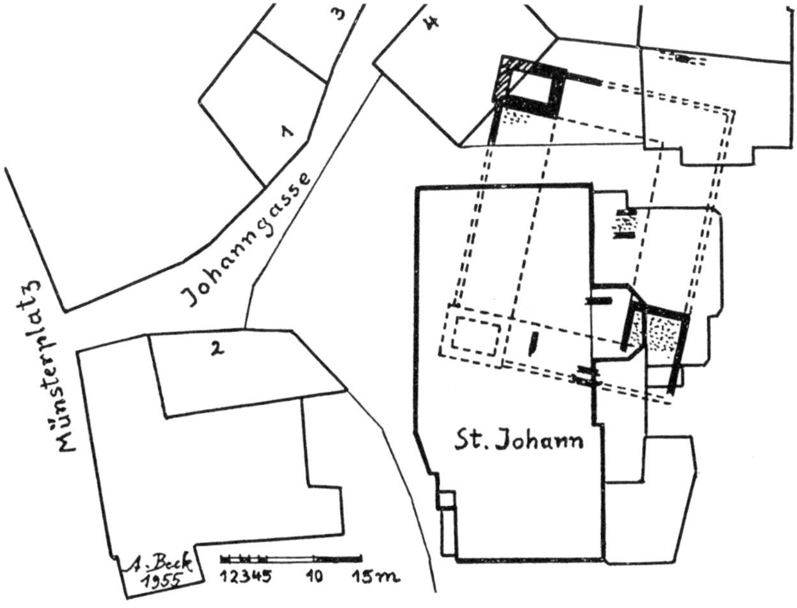

Abb. 8   Die von A. Beck fälschlich rekonstruierte römische Villa
bei St. Johann

Ton wurde vor wenigen Jahren vom »Projekt Konstanz« des Landesdenkmalamtes in einem Haus Ecke Insel- und Konradigasse gefunden, leider aber keine Mauerbefunde. Der bedeutendste Hausbefund aus römischer Zeit stammt vom nördlichen Münsterplatz und wurde von Ludwig Leiner eingehend beschrieben[4]. Aus frührömischer Zeit stammt ein Estrich aus dem ehemaligen Kreuzganggarten, den Bersu im Jahre 1957 ausgegraben hat. Der Ausgräber hielt ihn für den Boden eines Wasserbassins, Beck für einen Kellerboden. Leider wurde dieser Estrich nicht vollständig ausgegraben, und so fehlt wieder einmal ein Beleg über die Funktion dieses Fundes.

Mit der obigen Aufzählung enden auch bereits die nachweislich römischen Baubefunde aus Konstanz. Zahlreicher sind natürlich die Bronze-, Eisen-, Glas- und Keramikfunde, die zwar Einblick in das Leben der Siedler und über die Handelsbeziehungen gestatten, über die Gliederung des vicus selbst jedoch keine weiteren Erkenntnisse vermitteln.

Im Zusammenhang mit der festgestellten Wohnbebauung sind nun noch einige Ergänzungen anzufügen, vor allem über den Fund von Beck bei St. Johann, den Fund Leiners auf dem nördlichen Münsterplatz und die Pfostenlöcher in der Konradigasse, soweit die kurzen Angaben eine Aussage zulassen:

Beck zog zeichnerisch seinen Baubefund mit dem Beyerles zusammen (Abb. 8) und konstruierte daraus eine villa rustica oder die villa eines hohen Beamten. Die Zeichnung ist ein phantasievolles Produkt, die Konstruktion kann nicht erhärtet werden und stiftete nur Verwirrung. Von der Lage her ist dort keine villa rustica anzunehmen, liegen doch die Baubefunde mitten in der Siedlung, und darüber hinaus gibt es auch keine Anhaltspunkte dafür, daß beide Befunde im Zusammenhang stehen, worauf auch Petrikovits in seinem Gutachten über das römische Konstanz schon hingewiesen hat. Auch auf den Sitz einer römischen Amtsperson gibt es keinerlei Hinweis. Beide Befunde sind also getrennt zu sehen und gehören verschiedenen Gebäuden an.

Der sicher bis heute wichtigste Fund einer römischen Wohnbebauung ist Ludwig Leiners Fund auf dem nördlichen Münsterplatz. Er hat diesen Fund ausführlich in den »Schriften des Vereins für Geschichte des Bodensees und seiner Umgebung«, 11, 1882, beschrieben, und wegen dessen Be-

deutung soll hier ein Auszug aus Leiners Beschreibung gegeben werden.
Leiner fand bei seiner Bauüberwachung auf dem Platz eine zwei Meter
starke Mauer, die von der nordwestlichen Münsterseite in Richtung des
Hauses Münsterplatz Nr. 7 zog, also nicht den heutigen oder mittelalterlichen Baufluchten entspricht. Auf diese Mauer ist im Zusammenhang mit
einer spätantiken Befestigung noch besonders einzugehen. Östlich dieser
Mauer schloß sich ein zwölf Meter breiter Freiraum an, der offensichtlich
nie bebaut war, denn Leiner berichtet, daß er dort auf den gewachsenen
Boden gestoßen war. Über den anschließenden Befund soll nun Leiner
selbst berichten: »Darauf folgten zwei 1 Meter dicke Mauern, 8 Meter auseinander, welcher Raum mit einem 1,15 Meter unter der jetzigen Straße befindlichen teils verwitterten Zementboden mit kleinen Ziegelbrocken
durchmischt ausgegossen war. Das Mauerwerk, soweit bloßgelegt, bestand aus Stücken des meerischen tertiären Muschelsandsteines . . . (es
folgt eine weitere geologische Beschreibung). Von dieser dritten (zweiten
Hausmauer, d. Verf.) Mauer gingen die Reste eines dicken sorgfältig gear-
beiteten Estrichs gegen Osten ab, welcher 0,63 bis 0,66 Meter unter der
jetzigen Straße lag. Die denselben durchsetzenden vielen kleinen Ziegel-
fragmente und die ganze Struktur ließen ihn als unverkennbar römischen
Ursprungs erkennen. Es wurde links und rechts, soweit es in dieser von
Fuhrwerken und Fußgängern so frequentierten Straße möglich war, wei-
tergegraben, aber nichts Nennenswertes mehr gefunden.« Leiner be-
schreibt dann weiter, daß der Estrich auf einer Lage von Alpengeschieb-
steinen und Kies lag und eine Stärke von 0,22 bis 0,28 Meter hatte. Daneben fand er Heizröhrenbruchstücke (tubuli), römische Dachziegel, Scherben grauer und roter Gefäße sowie eine Münze des Gratian. Ganz außer
Zweifel hatte er hier ein gut ausgestattetes Wohnhaus angeschnitten. Eine
Nachgrabung wäre hier dringend erforderlich. Wahrscheinlich könnte das
dort liegende Gebäude auch heute noch in wesentlichen Teilen erfaßt werden und wertvollen Aufschluß über die römische Wohnbebauung in Konstanz geben.

Von Interesse ist bei der Beschreibung Leiners, daß der Estrich des ersten angeschnittenen Raumes 1,15 Meter unter dem damaligen Straßenni-
veau lag und der zweite Estrich im anschließenden Raum nur etwa 0,65
Meter. Stufen wurden nicht festgestellt. Nach dem Fund zahlreicher tu-

buli-Bruchstücke, muß beim Höhenunterschied von 0,50 Meter an einen hypokaustierten Raum gedacht werden. Möglicherweise hat dies Leiner nicht erkannt, da die Grabungsfläche äußerst geringfügig war. Nachträglich und nur auf die Beschreibung Leiners gestützt, kann hierzu aber heute keine gültige Aussage gemacht werden. Angefügt sei noch, daß am nördlichen Münsterplatz auch andernorts Hypokaustplatten und weitere tubuli gefunden wurden, die nicht eindeutig zu dem von Leiner angeschnittenen Haus gehörten. Der Fund Leiners gibt immerhin den Nachweis einer komfortablen Wohnbebauung in Steinbauweise. Dies korrespondiert auch mit der Anzahl der Terra-sigillata-Funde aus dem 1. bis 3. Jahrhundert.

In diesem Zusammenhang erstaunen etwas die bereits genannten Pfostenlöcher in der Konradigasse, die auf eine andere Art der Wohnbebauung hindeuten. Da dort auch Keramik aus dem 2. Jahrhundert gefunden wurde[5], muß diese Art des Hausbaus längere Zeit in Gebrauch gewesen sein – möglicherweise allerdings nur in dieser peripheren Lage. Die Pfostenlöcher deuten auf eine einfachere Bauweise hin. Für eine Siedlung, die keinen stadtähnlichen Charakter hatte – und dies muß man beim römischen Konstanz unterstellen –, werden wohl Gebäude in Steinbauweise wie einfachere Bauten, also auch Mischformen in Frage kommen. Üblicherweise findet man bei einfacheren Gebäuden eine Art Fachwerkbau mit Steinsockel oder Häuser mit einer Steinwand über das Erdgeschoß hinaus und darauf eine Fachwerkkonstruktion. Flechtwerk, wie etwa bei einem Fachwerkbau, stellte Beck in unmittelbarer Nähe der Konradigasse sicher, doch ist nicht einwandfrei geklärt, ob es sich um Material aus der Römerzeit handelte. Möglicherweise handelt es sich bei den Bebauungsspuren in der Konradigasse auch um eines der sogenannten Streifenhäuser, die man öfter in Zivilsiedlungen antrifft und die in einer Pfostenständertechnik errichtet wurden. Da die festgestellten Bebauungsspuren am Rande der Siedlung lagen, kann es sich auch um ein Lagerhaus oder Stallungen gehandelt haben. Man wird hier die wissenschaftliche Auswertung abwarten müssen.

Die Terra-sigillata-Funde im vermuteten Bereich des vicus weisen aus, daß die Romanisierung der einheimischen Bevölkerung oder die Siedlungsneugründung durch die Römer erst in spättiberianisch-claudischer

Zeit erfolgte. Über Datierung und Fundplätze kann eine Ausdehnung der Siedlung im ausgehenden 1. und 2. Jahrhundert und eine Reduzierung im 3. und 4. Jahrhundert festgestellt werden. Geht man von der Zahl dieser Keramikfunde aus, müssen auch die Fundstücke aus den Auffüllgeländen einbezogen werden, denn sie kommen ja aus der Siedlung, lediglich sind sie keinem bestimmten primären Fundort zuzuweisen. Hier ist durch Vertragung der Funde über Abraum eine Kenntnislücke entstanden. Keinesfalls darf aber angenommen werden, wie dies verschiedentlich geschah, daß an den Fundorten in Auffüllgebieten eine römische Wohnbebauung stand oder sich eine Nekropole befand, wie dies für den Bereich des Vincentiuskrankenhauses angenommen wurde. Die Keramikfunde, die Beyerle im Jahre 1887 und Beck im Jahre 1934 dort verzeichneten, befanden sich nicht in Originallage. Die Aussagen, die daran geknüpft wurden, ließen die topographischen Verhältnisse unberücksichtigt. Dasselbe gilt für die Funde im Bereich des rechtsrheinisch gelegenen früheren Klosters Petershausen. Einige Gebäude sind zwar dort nicht ganz auszuschließen, da sich ja hier die Fähreanlegestelle befand, doch kann ein solches Bebauungsareal nur einen sehr bescheidenen Umfang gehabt haben. Das frühere Klostergebiet kam dabei überhaupt nicht in Frage, sondern höchstens ein kleiner Teil des heutigen Sternenplatzes und der Gröberstraße. Beim Klosterareal lag, wie im Kapitel zur Topographie eingehend dargelegt, ein ausgedehntes Sumpfgebiet. Beck hat eine im Klosterareal gefundene Vertiefung als römischen Brennofen angesprochen, was nicht haltbar ist. Andererseits fand er im Jahre 1938 im Bereich des nördlichen Brückenwiderlagers am Sternenplatz eine Abfallgrube, deren römischer Ursprung zwar nicht gesichert, aber auch nicht ausgeschlossen ist. Baureste wurden dort nicht gefunden. Die auf dem Gebiet des früheren Klosters erhobenen Funde wie Keramikscherben oder ein römischer Griffel sind demnach für eine siedlungstopographische Aussage nicht relevant.

Eine weitere Vermutung über eine römische Wohnbebauung verband Schober im Jahre 1881 mit dem Stadtviertel Stadelhofen im Süden der Stadt. Aus dem Namen schloß Schober auf eine statio der Römer, Warenumschlagplatz und Herberge. Da Funde aus diesem Bereich nicht vorliegen und auch sonst keine Anhaltspunkte gegeben sind, fehlt für eine solche Annahme jegliche Begründung.

Die Terra-sigillata-Funde belegen das Fortbestehen der Siedlung bis in das 4. Jahrhundert, und die Reihe der Fundmünzen bricht mit Gratian ab. Danach muß spätestens, zumindest nach der heutigen Fundlage (Stand 1986), zum Ende des 4. Jahrhunderts das Ende der römischen Herrschaft im Bereich Konstanz angesetzt werden. Dies entspricht auch etwa den historisch gesicherten Fakten. Ob man von einem Untergang der Siedlung sprechen kann, ist jedoch fraglich. Wohl gibt es gelegentlich festgestellte Brandhorizonte und auch einige angesengte Keramikbruchstücke vom südlichen Münsterhügel, doch kann auf Grund der bislang kleinen Grabungsareale noch nicht von einem breit gestreuten Brand- oder Zerstörungshorizont gesprochen werden. Die bislang gefundenen Brandhorizonte können demnach sowohl für einen größeren Siedlungsbrand als auch für Einzelbrände Zeugnis ablegen. Ein Gesamtbild läßt sich bei nüchterner Betrachtung heute noch nicht erschließen. Da durchaus die Möglichkeit besteht, daß die Siedlung, wenn auch in stark reduzierter Form, weiterbestand und auch im 5. und 6. Jahrhundert wieder zu einer gewissen Bedeutung kam, muß angenommen werden, daß die Siedlung bei der alamannischen Besetzung nicht vollständig untergegangen ist. Die Nennung von Constantia beim Geographen von Ravenna, der aber aus älteren Quellen schöpft, ist dafür ein Anhalt. Daß hier die Siedlung erstmals erwähnt wird, zeigt, daß sie sich im 6. Jahrhundert bereits wieder zu einem ansehnlichen Gemeinwesen entwickelt hatte. Die bislang vorliegenden Erkenntnisse sprechen jedenfalls noch nicht von einer großflächigen Zerstörung. Keinesfalls aber können die vielen römischen Ziegeltrümmer, auf die Leiner hinweist[7], Indiz für einen gewaltsamen Untergang des vicus oder gar »für die Zerstörungswut der Alemannen« sein. Obwohl an vielen Orten die Alamannen nachweislich sehr hart vorgegangen sind, Kriegsgreuel bezeugt sind, kann man Ziegeltrümmer jedoch nicht als Beleg ansehen. Wann und wie die Römerherrschaft in Konstanz endete, bleibt mangels antiker Quellen oder klarer archäologischer Befunde unbekannt.

Um das Bild der römischen Zivilsiedlung, wie es sich heute darstellt, abrunden zu können, muß man noch näher auf die Straßen, die Verkehrsverbindungen und die Bestattungen eingehen.

Während bisher angenommen wurde, die Römerstraße in Konstanz

folge in ganzer Länge dem heutigen Verlauf der Wessenberg- und Hussenstraße, mußte diese Ansicht in den Jahren 1981/82 korrigiert werden.
Durch eine Kanalverlegung zwischen Pfauen- und Neugasse, bei der die
Bauarbeiten bis zum gewachsenen Boden vorstießen und die archäolo-
gisch überwacht wurden[8], konnten neben dem hoch anstehenden mittelalterlichen Belag, der nur noch in wenigen Resten erkennbar war, nur einige
ältere Auffüllschichten, teils mit Schmiedeabfällen, jedoch keine römische
Straßenschüttung oder ein Kiesbett gefunden werden. Erst im gewachsenen Boden erschien ein Kiesbett, eine natürliche Schicht, die mit einer
Straße nicht in Verbindung gebracht werden kann. Die römische Straße
mußte demnach von der Pfauengasse ab, wo noch im Zuge der Hussenstraße ein römisches Grab gefunden worden war, einen anderen Verlauf
genommen haben. Dies wurde bestätigt, als nach umfangreichen Ermitt-
lungen eine römische Grabstätte an der Oberen Laube, die bisher nur
über Funde bekannt war, lokalisiert werden konnte. Das Grab lag einige
Meter westlich des Schnetztores. Die zuvor schon vermutete Abweichung
der Römerstraße ab der Pfauengasse konnte so erhärtet werden. Die
Straße wies nicht den im Mittelalter bei der Torzufahrt angelegten Knick
auf, der die Hussenstraße heute nördlich des Tores kennzeichnet. Dies erklärt auch, warum bei den Tiefbauarbeiten kein Straßennachweis geführt
werden konnte.

Die Straße, die rechtsrheinisch nach Norden führte, konnte noch nicht
erfaßt werden. Da es sich wahrscheinlich um eine kleinere Straße gehandelt hat – die Hauptverbindung verlief linksrheinisch über Arbon – Pfyn
nach Winterthur und bei Stein a. Rh. oder Zurzach in das rechtsrheinische Gebiet –, dürfte sie, dem üblichen römischen Straßenbau entsprechend, nur mit einer Kiesdecke belegt gewesen sein.

Wenn auch die Straßenverbindung nach Süden gut war und bei Pfyn in
eine große römische Überlandstraße, eine wirkliche Arterie des Imperiums mündete, so war die Anbindung nach Norden schlecht. Über die
Gutshöfe am Bodanrück kann die Straße in groben Zügen rekonstruiert
werden. Sie folgte außerhalb des heutigen Wollmatingen nicht der jetzigen
Straße nach Radolfzell, denn dort waren ebenfalls auf weiten Strecken
sumpfige Gebiete, sondern sie verlief nördlich von Wollmatingen ansteigend
über Kaltrain in Richtung Bodman und Orsingen, das die nächste

größere Zivilsiedlung war. Beim Abstieg vom Bodanrück muß die alte Römerstraße dem Dettelbachtal gefolgt sein, denn unmittelbar nördlich des Geländeabfalls dieses schluchtartigen Tales lag eine villa rustica, die bereits im 17. Jahrhundert ausgegraben worden ist. Erst in Orsingen traf dann der »Zubringer« aus Konstanz auf eine weitere, bedeutendere Straße von Stein a. Rh./Eschenz über Orsingen nach Tuttlingen. Da der Verkehr aus Eschenz für den Rheinübergang über eine Brücke verfügte und direkt zur Donau führte, war diese Straße mit einem größeren Überlandverkehr versehen. Allerdings ist auch diese Straße nicht auf einer der römischen Karten verzeichnet, da sie offensichtlich keine große militärische Bedeutung besaß. Orsingen als Straßenkreuz hatte zumindest eine genauso große Bedeutung – wenn nicht größer – als Konstanz. Von dort führt auch eine weitere Römerstraße nach Norden über Eigeltingen – Eckartsbrunn in den Raum Bargen bei Engen und von dort nach Hüfingen.

Wenden wir uns nun den Gräbern zu, die auch die Straße markieren. Dem römischen Brauch entsprechend liegen auch in Konstanz die gefundenen Gräber außerhalb des Wohnbezirks entlang der Straße. Während vorrömische und römische Bestattungen des 1. und 2. Jahrhunderts im Stadtgebiet bislang nicht gefunden wurden, liegen in dem bereits genannten Straßenstück bis zum Schnetztor zahlreiche Gräber, die dem 3. und 4. Jahrhundert, einige möglicherweise auch dem frühen 5. Jahrhundert angehören. Die bisher interessantesten Grabstätten wurden an der Wessenbergstraße 6, an der Hussenstraße 2, 4 und 6 sowie beim Schnetztor an der Oberen Laube gefunden. Das erstgenannte Grab enthielt besonders schöne Grabbeigaben, die bei Ausschachtungsarbeiten im Jahre 1957 durch Beck sichergestellt werden konnten. Es handelt sich um einen sehr gut erhaltenen Terra-sigillata-Becher mit Zapfenfuß, Barbotineverzierung und einer mit roter Farbe ausgemalten Inschrift. Ebenso fand man eine schlanke Henkelkanne aus grünem Glas mit einer Fadenverzierung am Gefäßhals. Die Gräber an der Hussenstraße wurden von Leiner eingehend beschrieben. Ein dort im Molassesand gefundenes Frauengrab wurde allerdings von E. Wagner mit dem Zusatz »alemannisch?« versehen. Im Grab lagen bronzene Armringe, ein kelchförmiges Glas und das Gerippe einer Henne. Da die Form der Ziegelgräber, wie sie in Konstanz gefunden wurden, auch noch bis in das 5. Jahrhundert gebräuchlich waren, kann hier durchaus eine Bestattung aus der Zeit nach dem Abzug der Römer vorliegen. Andererseits waren die Grenzorte bereits im 4. Jahrhundert mit Germanen durchsetzt, und so kann auch nicht ausgeschlossen werden, daß es sich hier um eine germanische Einwohnerin handelte, die schon zur Römerzeit hier wohnte. Ein fast zwei Meter langes Skelett eines Mannes mit einem dolichocephalen Schädel, bei dem ein Lanzenblatt gefunden wurde, weist ebenfalls auf einen germanischen Typus hin. Welche Quelle Schober allerdings für seine Aussage benützte, es handle sich hierbei um einen Negertypus[9], ist nicht ersichtlich, denn Leiner schrieb davon nichts. Die Lanzenspitze, die im Grab dieses Mannes gefunden wurde, könnte auf einen in römischem Dienst stehenden Germanen oder auch auf einen germanischen Einwohner hindeuten. Ein in der Nähe gefundener Schädel wies eine schwere Hiebverletzung auf, ein möglicher Hinweis auf eine Kampfhandlung. Dieser Schluß ist allerdings nicht zwingend. Aus dem Grab am Schnetztor liegen im Rosgartenmuseum Keramiktöpfe, die zeitlich jedoch noch nicht bestimmt sind. Eine dort ebenfalls gefundene Fibel der Spätlatènezeittradition gibt noch einige Rätsel auf, da ein solches Schmuckstück in einer spätrömischen Grabstätte ungewöhnlich ist. Die Datierung der Fibel wurde aus den Aufzeichnungen des Museums übernommen. Ob diese Datierung Bestand hat, kann nicht mit letzter Sicherheit gesagt werden.

Fünf Ziegelgräber an der südöstlichen Peripherie des Stephansplatzes, die ein kleines Gräberfeld vermuten lassen, gehören noch in den Straßenbereich der Wessenbergstraße. Sie waren Ausgangspunkt einer Hypothese, die in diesen Bestattungen ein Indiz für eine ausgedehnte römische Nekropole auf dem Stephansplatz sehen will. Es gibt jedoch weder in der Platzmitte noch an der westlichen Begrenzung Hinweise auf römische Bestattungen. Das von Beck am Ostende des Bürgersaales unter dem sogenannten Heckerbalkon gefundene Grab, in dem sich römische Keramiksplitter befanden, gehört in den mittelalterlichen Friedhofsbereich, was später auch von Beck eingeräumt wurde. Petrikovits stützt sich jedoch bei seiner Hypothese auf dieses Grab und postulierte eine über den Platz reichende Nekropole. Auf die Vermutung Petrikovits' ist noch im Hinblick auf den Ursprung der Stephanskirche einzugehen.

Das dem vicus am nächsten gelegene Grab in der Wessenbergstraße 6 läßt die Vermutung zu, daß sich der spätantike vicus nach Westen nicht über den Münsterhügel hinaus ausgedehnt hatte, die Straße unweit des heutigen Hauptportals des Münsters verlief und erst im Bereich der Konradigasse den Innenbereich der Siedlung erreichte. Dieses Grab bezeugt immerhin, daß man sich an der Fundstelle noch außerhalb des vicus befand (Abb. 9).

Abschließend sei noch auf zwei Konstanzer Kirchenbauten hingewiesen, die mit frühchristlichen Anlagen in Verbindung gebracht werden. Die bereits genannte Hypothese einer römischen Nekropole auf dem Stephansplatz führte erstmalig Petrikovits zu der Annahme, die dort liegende Kirche St. Stephan könne auf eine frühchristliche cella memoriae zurückgehen. Diese Vermutung wurde in der Folgezeit in weitere Publikationen, allerdings sehr vorsichtig, übernommen. Archäologische Fundaufnahmen nordwestlich und südwestlich der Kirche in den Jahren 1978/79 ergaben, daß der bis in das 19. Jahrhundert belegte Friedhof um St. Stephan teilweise drei bis vier Bestattungslagen übereinander aufweist und daß die frühesten Gräber mittelalterlich sind. Nachgrabungen an drei Stellen bis zum gewachsenen Boden ergaben keine Hinweise auf römische Bestattungen. In Kirchennähe konnten zwar frühmittelalterliche Grabstätten erwartet werden, da die Kirche selbst bereits »extra civitatem« in der Gallusvita erwähnt wird und mit einer Kirche auch schon zu dieser Zeit meist ein Friedhof verbunden war. Ob das im Jahre 1978 unmittelbar an der Nordtreppe der Kirche freigelegte, mit Wacken eingefaßte Grab[10] in diese frühe Zeit gehört, konnte wegen der fehlenden Beigaben und der starken Störung durch frühere Tiefbauarbeiten nicht geklärt werden. Wahrscheinlicher ist, daß dieses Grab dem Frühmittelalter angehört. Archäologische Sondierungen in den Jahren 1982/83 innerhalb der Kirche, die an einer Stelle auch den gewachsenen Boden erreichten, ergaben keine vorromanischen Befunde; da das Grabungsvolumen jedoch nicht sehr umfangreich war, können noch keine gültigen Schlüsse gezogen werden. Eine römische Münze und einige Terra-sigillata-Bruchstücke, die bei der Grabung gefunden wurden, stammen nach Angaben der Ausgräber aus einer Auffüllschicht. Ungeklärt ist auch, welchem Bauwerk die schweren Mauern zugehören, die 1979 an der Südseite der Kirche aufgedeckt wurden[11] und die unter das südliche Seitenschiff ziehen. Es handelte sich hierbei allerdings

Abb. 9   Römische Grabstätten des 3./4. Jahrhunderts

nicht um eine römische Mauerung. Auch der aufgedeckte Estrich an dieser Stelle war mittelalterlich. Die Vermutung einer römischen Nekropole und einer frühchristlichen cella memoriae ist demnach mit den heutigen Erkenntnissen nicht zu belegen. Auch hier geht es nicht darum, eine Aussage zu widerlegen, sondern derjenige, der hier auf eine cella memoriae schließt, müßte dies belegen. Römische Bestattungen an dieser Stelle gibt es jedoch nicht. Das an der südlichen Peripherie des Platzes gelegene Gräberfeld zieht sich nicht über den Platz hin und ist selbst zu weit von St. Stephan entfernt, als daß hier ein Zusammenhang konstruiert werden könnte.

Auf die Kirche St. Johann in der Niederburg sei in diesem Zusammenhang ebenfalls hingewiesen. Um diesen Kirchenbau gibt es eine Kontroverse, auf die kurz eingegangen werden soll. Eine spätmittelalterliche Überlieferung berichtet, daß St. Johann eine spätrömische Gründung sei. Während nun Helmut Maurer die Ansicht vertritt, daß Bischof Konrad im 10. Jahrhundert die Kirche »a fundamentis«, also erstmals errichtet habe, neigt Erdmann[12] zu der Annahme, die Kirche habe bereits vorher bestanden und sei im 10. Jahrhundert neu aufgebaut worden. Er will »a fundamentis« nicht rechtlich, sondern in einem bautechnischen Sinne verstanden wissen. Er stellt so als Arbeitshypothese einer Neugründung durch Bischof Konrad den völligen Neubau einer älteren Kirche gegenüber. Ohne im einzelnen auf diese Diskussion einzugehen, sei doch festgestellt, daß keine spätantiken Baureste oder frühe kirchenspezifischen Funde Erdmanns Annahme rechtfertigen. Hinzu kommt, daß mittelalterlichen Chroniken im Hinblick auf Vorgänge des Altertums mit großer Skepsis zu begegnen ist. Bleibt man bei den Quellen, so ist St. Johann erstmalig im Zusammenhang mit Bischof Konrad erwähnt, und ohne Vorliegen weiterer Erkenntnisse sollte man es dabei belassen.

Da die Verkehrsverhältnisse, soweit es die Straßen betrifft, nicht sehr günstig waren, und beim Übersetzen über den Rhein eine umständliche Fährverbindung in Anspruch genommen werden mußte, darf angenommen werden, daß die Siedlung nur einige Bedeutung über den Seeverkehr erhalten hat. Selbst kleine Flüsse wurden von den Römern für den Schiffsverkehr genutzt, und es darf daher auch unterstellt werden, daß der Bodensee ebenfalls einen regen Schiffsverkehr zu verzeichnen hatte. Sicher hat der Handel diese Gelegenheit wahrgenommen. Damit ist auch die Frage nach einem römischen Hafen in Konstanz aufgeworfen. Ein solcher darf hier angenommen werden, doch gehen die Ansichten über seine Lage weit auseinander. So wird einerseits vermutet, daß nur am Rhein, in unmittelbarer Nähe zur Siedlung, ein sturmsicheres Hafengelände gegeben war, während andererseits ein Vergleich zur Hafenanlage in Budapest gezogen und die Ansicht vertreten wird, daß der römische Hafen zwischen Dominikanerinsel und dem Festland der Niederburg gelegen haben muß. Petrikovits läßt die Möglichkeit offen, daß sich das bei der Dominikanerinsel vermutete Hafengelände bis in den Bereich der Marktstätte hingezogen haben könnte. Einige römische Funde bei der Hauptpost haben diese Vermutung wohl beeinflußt. Das Gelände der Hauptpost wie der größte Teil der Marktstätte ist jedoch im Mittelalter aufgefüllt worden und war zu römischer Zeit See- und Riedgelände. Die Funde bei der Hauptpost lagen auch nicht in situ und dürften daher mit dem Auffüllschutt dorthin gelangt sein. Lediglich im Bereich des Zeitungshauses »Südkurier« besteht eine leichte Möglichkeit einer sich zum See vorschiebenden kleinen Moränenzunge, doch hätte diese keinen ausreichenden Platz für einen Hafen geboten. Römische Funde liegen aus diesem Bereich nicht vor. Ein Hafenbereich wird daher dort nicht angenommen, während bei der Dominikanerinsel dafür geradezu ideale Verhältnisse vorlagen. Der Rhein fließt hier östlich und nördlich davon vorbei, und damit war zwischen der Insel und Niederburg ein ruhiges Gewässer gewährleistet. Dabei ist zu berücksichtigen, daß die heutige Konzilstraße damals noch zum Seebereich zählte, der Abstand zwischen Insel und Niederburg daher recht groß war. Wenn auch dieser Platz für eine Hafenanlage sehr günstig war, fehlen doch bislang einschlägige Funde wie etwa in Budapest oder der Colonia Ulpia Traiana am Niederrhein. Hier im Bereich der Konzilstraße haben allerdings im Laufe der Zeit starke Veränderungen stattgefunden, und es ist daher fraglich, ob ein Hafen, wenn er einst dort lag, überhaupt noch nachweisbar sein wird. Die mittelalterlichen und neuzeitlichen Abgrabungen, Verfüllungen wie auch die Bebauung entlang der Konzilstraße geben jedenfalls wenig Hoffnung, in diesem Raum noch fündig zu werden.

Von einem gesicherten Hafen auszugehen, wie dies Beck publizierte und wie es auch in anderen Publikationen erscheint, ist nicht zu belegen.

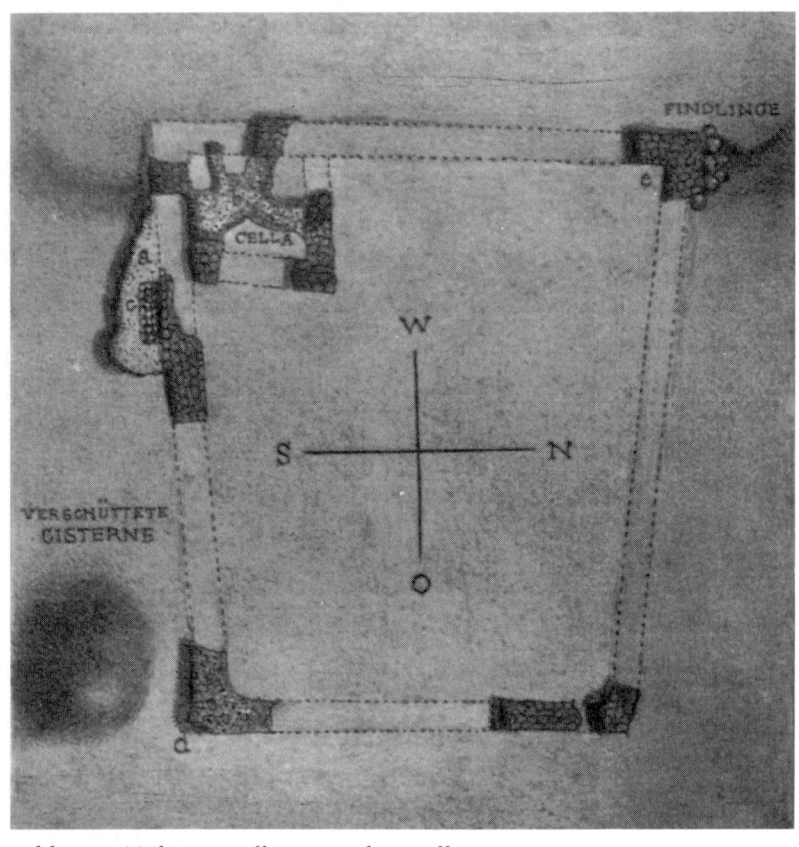

Abb. 10   Teil einer villa rustica bei Wollmatingen
           (Zeichnung L. Leiner)

Die Ausgrabungen von Beck beim Kolpinghaus haben diesen Beweis jedenfalls nicht erbracht, hierauf hat Petrikovits in seinem Gutachten über das römische Konstanz aus dem Jahre 1957 bereits hingewiesen. Auf die dort angeschnittenen Mauern und die Schlußfolgerungen, die Beck gezogen hat, ist in dem Kapitel über ein spätrömisches Kastell noch einmal einzugehen. Ausgehend von dem heutigen Wissensstand muß akzeptiert werden, daß für eine begründete Hafenvermutung in Konstanz über die Archäologie bis heute kein Beweis geliefert werden konnte, ebenso wenig gibt es auf diesen Hafen literarische Hinweise, die hinsichtlich der Lage weiterhelfen könnten.

Zur Abrundung des römischen Siedlungsbildes im 1. bis 3. Jahrhundert sei noch kurz auf die Entdeckung eines römischen Gutshofes durch Leiner nördlich von Wollmatingen hingewiesen.

Die Entdeckung einer villa rustica durch Leiner im Jahre 1882 beruhte auf Beobachtungen von Forstarbeitern, die beim Fällen von Bäumen geschwärztes Diluvialgeschiebe feststellten, was auf einen Brand hinwies. Der hiervon verständigte Leiner veranlaßte eine kleinere Grabung und stieß dabei auf römische Ziegeltrümmer und Reste einer römischen Wandbemalung (Abb. 10). Die Grabung wurde nun erweitert, und es konnten zwei Estriche freigelegt werden. Dann kamen an verschiedenen Stellen Mauerreste zutage und eine Innenaufmauerung, die Leiner für eine Bank oder die Umrandung eines Herdes hielt. Im Bereich der Mauern wurden Teile einer Wandbeheizung gefunden. Nach den Einmessungen ist von einem Gebäude von 28 mal 45 Metern auszugehen, wobei es wahrscheinlich ist, daß Leiner nur geringe Teile des Gebäudes erfaßte. Die Funde sprechen dafür, daß Leiner das Wohnhaus der Gutsanlage gefunden hat. Leider konnte nicht der ganze Gebäudekomplex freigelegt werden, und so ist ein Vergleich zu anderen Gutshöfen nicht möglich. Eine Brandschicht begründet die Annahme, daß der Gutshof bei einem Alamanneneinfall im 3. oder 4. Jahrhundert untergegangen ist. Ein Schriftwechsel aus dem Jahre 1942 läßt vermuten, daß zu jener Zeit ein Schüler, der auf dem Reichenauer Festland untergebrachten Nationalsozialistischen Politischen Erziehungsanstalt (Napola) dort noch einmal ungenehmigt gegraben hat, wobei angeblich über 400 Kleinfunde gemacht wurden. Auch seien, so die

Berichte, Mauerteile angeschnitten worden. Leider ist über den Verbleib der Funde nichts bekannt.

Abschließend muß man trotz der reichlich vorhandenen Funde eingestehen, daß sich das Siedlungsbild des römischen Konstanz erst in Umrissen erschlossen hat. Gesichert ist die Siedlung, in großen Zügen auch das Siedlungsareal wie der durchgehende Bestand vom 1. bis 4. Jahrhundert, doch fehlen die wichtigsten Details über Aufbau, Gliederung und das Leben in der Siedlung. Es fehlen die öffentlichen Gebäude und es fehlen auch die frühen Grablegen. Unbekannt blieb bisher auch die Rolle des vicus im Rahmen des Bodensee-Handelsverkehrs. Genauso fehlt der Nachweis einer frühchristlichen Gemeinde, die zwar sicher angenommen werden darf, doch nicht belegt werden kann. Wann das Christentum hier Einzug hielt, ist ebenfalls noch nicht festzustellen. Während im Jahre 303 im ganzen Imperium nochmals schwere Christenverfolgungen einsetzten, erließen im Jahre 311 Constantin I., Galerius und Licinius ein erstes Toleranzedikt, und im Jahre 313 erfolgte dann durch Constantin I. das Toleranzedikt von Mailand, worin dem Christentum die Gleichberechtigung mit allen anderen Kulten gewährt wurde. Spätestens ab dieser Zeit ist auch mit einer kleinen Gemeinde in Konstanz zu rechnen, doch bleibt auch dies mangels konkreter Belege nur Vermutung.

Die Funde

Wegen des Fehlens literarischer und epigraphischer Quellen ist man hinsichtlich des römischen Konstanz ausschließlich auf die archäologischen Funde angewiesen. Dies betrifft sowohl die Baubefunde, die im vorangegangenen Kapitel eingehend vorgestellt wurden, als auch die Keramik- und andere Kleinfunde, die die römische Vergangenheit der Stadt bezeugen und eine Siedlungsaussage erlauben.

Der Konstanzer Fundbestand ist trotz der schwierigen Fundsituation und trotz der bisher kleinen Grabungsflächen von beachtlichem Umfang. Leider war dieser ansehnliche Fundkomplex bis vor wenigen Jahren an verschiedenen Stellen aufbewahrt und nur in Teilen listenmäßig erfaßt. Damit fehlte aber auch die Kenntnis über den Gesamtumfang der aus Konstanz geborgenen Funde. Historikern und Archäologen, vor allem aber den Ausgräbern war es daher bis in das Jahr 1982 hinein nicht möglich, sich einen Überblick zu verschaffen. Erst seit 1984/85 werden nun die Funde, mit Ausnahme der Gebrauchskeramik, ausgewertet. Zunächst hatte der Steißlinger Arzt D. Wollheim eine Grobbestimmung der Terra sigillata vorgenommen, und nun wird diese Keramikart im Rahmen einer Magisterarbeit der Universität Freiburg wissenschaftlich bearbeitet und eine Materialedition erstellt. Die beigefügten Fundkarten zeigen großräumig die hauptsächlichen Fundorte im Stadtgebiet (Abb. 11 bis 15).

Bei den Funden, so gerade auch bei der Terra sigillata, war oft der exakte Fundort nicht mehr festzustellen. Die Eintragungen zeigen den Stand von 1981. Inzwischen wurden weitere Funde gemacht, vor allem aber wurde ein von Alfons Beck gesammelter Fundkomplex, der jahrelang verschollen war, durch Zufall wieder im Keller des Naturmuseums entdeckt[1]; er wurde hier noch nicht berücksichtigt. Die Gebrauchskeramik ist noch nicht ausgewertet, da dies weitaus schwieriger ist als die Auswertung der Terra sigillata, bei der man selbst bei kleinen Bruchstücken feststellen kann, aus welcher Produktionsstätte sie stammen. Die Gebrauchskeramik kommt vorwiegend aus regionalen oder gar am Ort befindlichen Töpfereien, und eine Zuordnung ist nur selten möglich.

Die Terra sigillata

Der Konstanzer Gesamtbestand umfaßte bis 1981/82 insgesamt 656 Fundstücke. Hunderte von Terra-sigillata-Bruchstücken die mit Scherben anderer Keramik in einer großen Kiste im Rheintorturm lagerten, wurden hierbei nicht berücksichtigt, da nicht ganz gesichert ist, daß dieses Fundmaterial auch aus Konstanz stammt.

Die Masse des Fundgutes aus dem 1. Jahrhundert wurde in südgallischen Produktionsstätten hergestellt, während die Funde aus dem 2. und 3. Jahrhundert vorwiegend aus Ostgallien stammen, darunter Ware aus Heiligenberg (Elsaß), Ittenweiler und vor allem Rheinzabern. Unter der Keramik des 4. Jahrhunderts befinden sich typische Rädchensigillaten aus den Argonnen, aber auch Imitationen, wahrscheinlich aus helvetischer Produktion.

Abb. 11   Terra sigillata-Funde bis 50 n. Chr.

Abb. 12   Terra sigillata-Funde zweite Hälfte des 1. Jahrhunderts

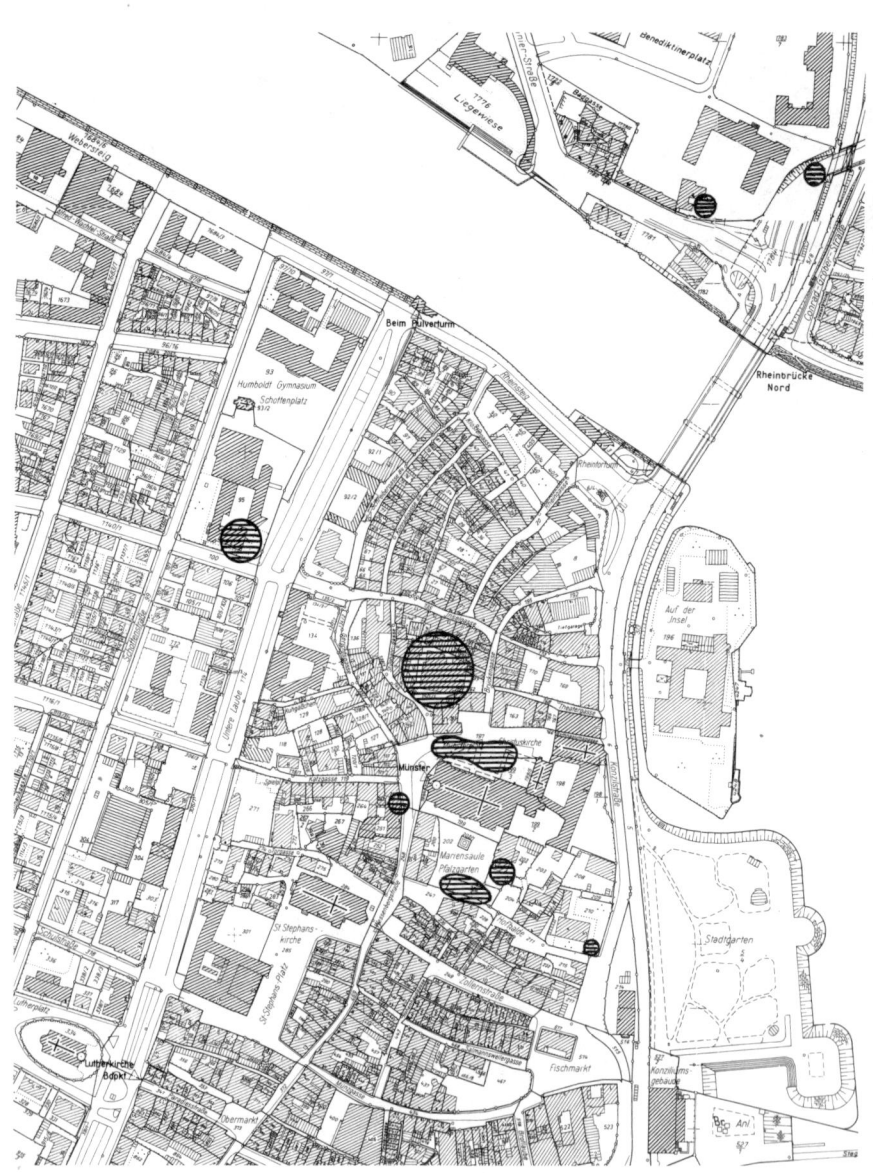

Abb. 13   Terra sigillata-Funde 2. Jahrhundert

Abb. 14   Terra sigillata-Funde 3. Jahrhundert

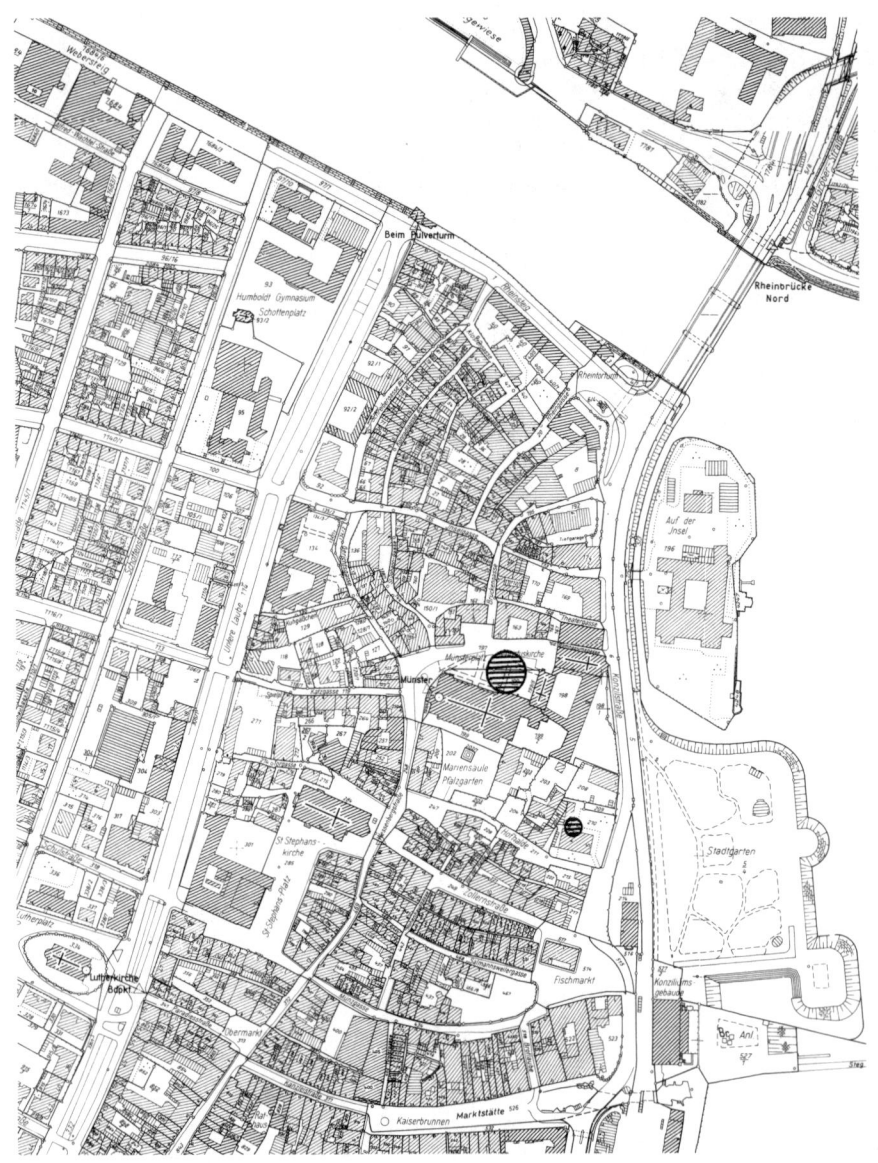

Abb. 15   Terra sigillata-Funde 4. Jahrhundert

Die Fundschwerpunkte liegen bei St. Johann, am nördlichen und südlichen Münsterhügel, beim Kolpinghaus, dem Gräberbereich und dem Raum um das Vincentiuskrankenhaus oder dem früheren Schottenwall. Allein aus dem Bereich St. Johann – Münsterhügel stammen 572 Terra-sigillata-Bruchstücke, davon 29 aus der 1. Hälfte des 1. Jahrhunderts (Stand 1982). Geht man von der Zahl der Funde aus, ist ein Ansteigen des Fundgutes im ausgehenden 1. und im 2. Jahrhundert festzustellen, was wohl vorwiegend auf die verbesserten Transportverhältnisse und den erschwinglichen Preis für diese Keramik in dieser Zeit zusammenhängt. Ebenso ist die starke Abnahme im 4. Jahrhundert mit der Gefahrenlage der Zeit und den schwierigen Transportverhältnissen zu erklären.

Wenn auch eine endgültige Aussage noch nicht gemacht werden kann, so ist die räumliche und zeitliche Aufteilung der Funde doch von besonderem Interesse für eine siedlungstopographische Beurteilung. Frühe Terra sigillaten fanden sich fast ausschließlich bei St. Johann, spätrömische vorwiegend am nördlichen Münsterhügel, während Ware des ausgehenden 1. bis ins 3. Jahrhundert über den gesamten vermuteten Siedlungsraum hin anzutreffen ist. Es ist daraus eine synchronisierbare Siedlungsentwicklung abzulesen. Inwieweit noch weitere Erkenntnisse im Rahmen der bereits erwähnten Magisterarbeit gewonnen werden können, muß abgewartet werden.

Die Münzen
Die in Konstanz gefundenen Münzen, soweit sie dem Rosgartenmuseum übergeben wurden, sind zu einem großen Teil durch Christ bestimmt und veröffentlicht worden[2]. Eine neuerliche Feinbestimmung erscheint jedoch notwendig. Die nach der Veröffentlichung von Christ gefundenen Münzen sind meist bis 1982 nicht bestimmt worden, einige davon sind auch wieder verschollen. In den beigefügten Münzlisten (Anhang) und den Fundkarten (Abb. 16–19) sind nur Funde verzeichnet, die nachweislich aus Konstanzer Gemarkung stammen. Eine von Christ genannte theodosianische Münze, die sich in Privatbesitz befinden soll, wurde hier nicht berücksichtigt, da der Fundort unbekannt ist und keine gesicherte Erkenntnis vorliegt, daß diese Münze tatsächlich aus Konstanz stammt. Es sind alles Einzelfunde; einen Depotfund gibt es aus Konstanz bisher

nicht. Die Münzreihe hat sich seit 1982 durch die Grabungen des »Projekt Konstanz« des Landesdenkmalamtes vergrößert; diese Neufunde sind hier ebenfalls nicht berücksichtigt.

Noch ist die Zahl der römischen Fundmünzen relativ gering, und die Münzreihe weist erhebliche Lücken auf, doch berücksichtigt man die schwierige Fundsituation und die kleinflächigen Grabungen, ist der Bestand, der heute vorliegt, doch als beachtlich zu bezeichnen.

Zwei Fundschwerpunkte sind festzustellen: der Münsterhügel in seiner Gesamtheit mit elf Münzen und das Areal des Vincentiuskrankenhauses und dem Schottenwall mit 16 Münzen. Wenn auch die Fundplätze unterschiedlich zu bewerten sind, stammen die Münzen doch einwandfrei aus der Siedlung, auch wenn sie von einem Auffüllgelände kommen. Der zeitliche Schwerpunkt liegt im 4. Jahrhundert mit insgesamt 29 Münzen, was auf den größeren Geldumlauf zu dieser Zeit zurückzuführen ist.

Die kaiserliche Münzreihe beginnt vor Christi Geburt mit Augustus, doch ist die frühe Kaiserzeit bis zum Ende der flavischen Zeit, wie bereits an anderer Stelle ausgeführt, nur sehr lückenhaft dokumentiert. Aus den bis zum Jahre 96 vorliegenden sechs Münzen kann kein Schwerpunkt und auch kein Hinweis auf das Eintreffen der Römer in diesem Bodenseeabschnitt entnommen werden. Da diese alten Münzen auch lange im Umlauf waren, ist der Verlust nicht unbedingt mit der Regierungszeit des dargestellten Kaisers gleichzusetzen. Für die Zeit des Nerva und des Trajan (96–117) liegen bisher nur weitere drei Münzen vor. Das 1. Jahrhundert ist also spärlich vertreten. Dies bleibt auch so für das 2. Jahrhundert (nach Trajan) mit nur zehn Münzen, setzt sich kontinuierlich auch für das 3. Jahrhundert fort. Ein Anstieg ist erst für das 4. Jahrhundert festzustellen, doch ist die gefundene Zahl der Münzen in dem verstärkten Geldumlauf und die größere Geldmenge, die sich im Umlauf befand, immer noch gering. Es sind ganze 19 Münzen. Die Münzreihe des 2. Jahrhunderts ist zwar nicht vollständig, doch setzt sie sich kontinuierlich bis in das 1. Drittel des 3. Jahrhunderts fort. Dann bricht die Münzreihe für 30 Jahre ab und setzt erst wieder mit Victorinus (268–270) ein. Die für die Zeit nach Maximinus Thrax (235–238) fehlenden Münzen, vor allem von Gordianus III. und Philippus Arabs, korrespondieren mit dem Rückgang anderer Funde. Ob dies bereits ein Zeichen einer reduzierten Siedlung ist, läßt sich heute noch nicht sagen. Von der gefundenen Victorinusmünze setzt sich die Münzreihe – mit Lücken – bis Gratian fort. Es fehlen hier vor allem Münzen des Aurelian, des Constantin II. und des Constans. Ob die fünf Münzen Claudius' II. auf eine militärische Präsenz zu dieser frühen Konsolidierungsphase hinweisen, ist zumindest sehr fraglich.

Die weiteren Schwerpunkte liegen bei Münzen Constantins I. und Constantius' II., doch können auch hier keine Schlüsse auf eine militärische Präsenz gezogen werden, da die anderen Funde damit nicht korrespondieren. Die Menge der spätantiken Fundmünzen aus Konstanz ist nicht so groß, daß sie für eine Zivilsiedlung ungewöhnlich wären.

Die Gegenüberstellung der spätantiken Fundmünzen aus Konstanz mit denen aus dem Kleinkastell Bürgle bei Grundremmingen und der Höhensiedlung Moosberg bei Murnau ergeben recht interessante Erkenntnisse, wobei beim reinen Zahlenvergleich zu berücksichtigen ist, daß in Konstanz nur zwei kleinere Grabungen stattfanden, während das Bürgle und der Moosberg ganz oder zu einem großen Teil ausgegraben sind. Die bisherigen Grabungsareale in Konstanz waren flächenmäßig zu klein, um aus einem heutigen Zahlenvergleich bindende Schlüsse ziehen zu können. Beim Bürgle steigt die Münzreihe mit Constantin I. an, und Bersu nahm die Erbauungszeit um 335/340 als wahrscheinlich an. Für die früheren Münzen geht er davon aus, daß diese noch im Umlauf waren. Gestützt auf acht sehr frische Münzen von Gratian, Valentinian II. und Theodosius I. setzt Bersu das Ende der Festung für die Zeit kurz nach dem Jahre 383 an. Für den Moosberg bei Murnau gibt es zwei Schwerpunkte, etwa von 259–278 und von 340–383/385. Die Konstanzer Münzreihe zeigt zwar für die Zeit Claudius' II. und ab Constantin I. gewisse Schwerpunkte, doch sind sie nicht vergleichbar mit denen des Moosbergs. Die beiden Vergleichsorte wurden trotzdem ausgewählt, da die jeweilige Befestigungsart auch auf Konstanz zutreffen kann.

Die Münzreihen brechen allerdings in diesen Orten später ab als in Konstanz, so beim Bürgle mit Theodosius I. und beim Moosberg mit Arcadius.

Abb. 16   Fundstellen von Münzen bis 81 n. Chr.

Abb. 17   Fundstellen von Münzen 81–180 n. Chr. ▶

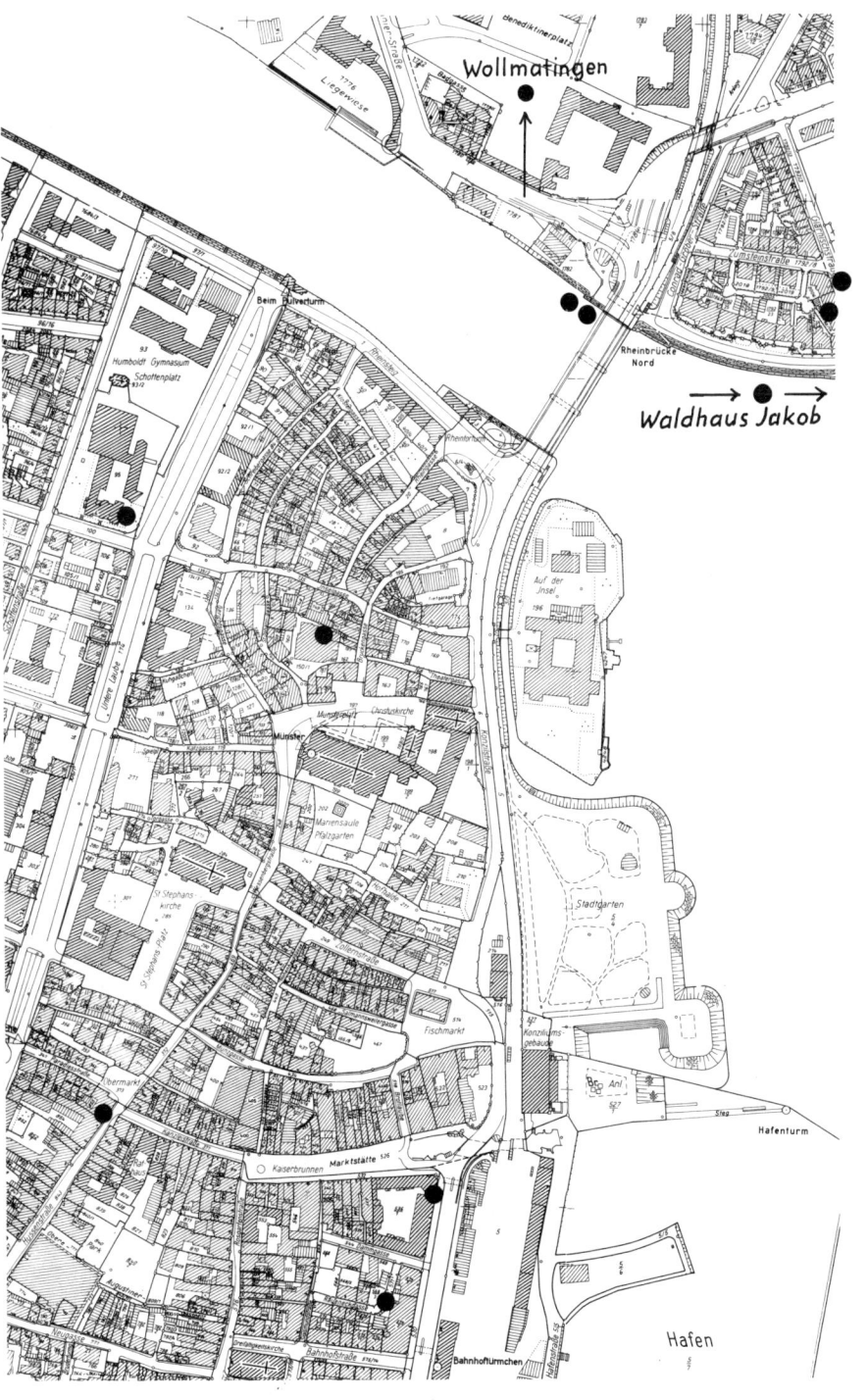

Wollmatingen

Waldhaus Jakob

Abb. 18   Fundstellen von Münzen 180–268 n. Chr.

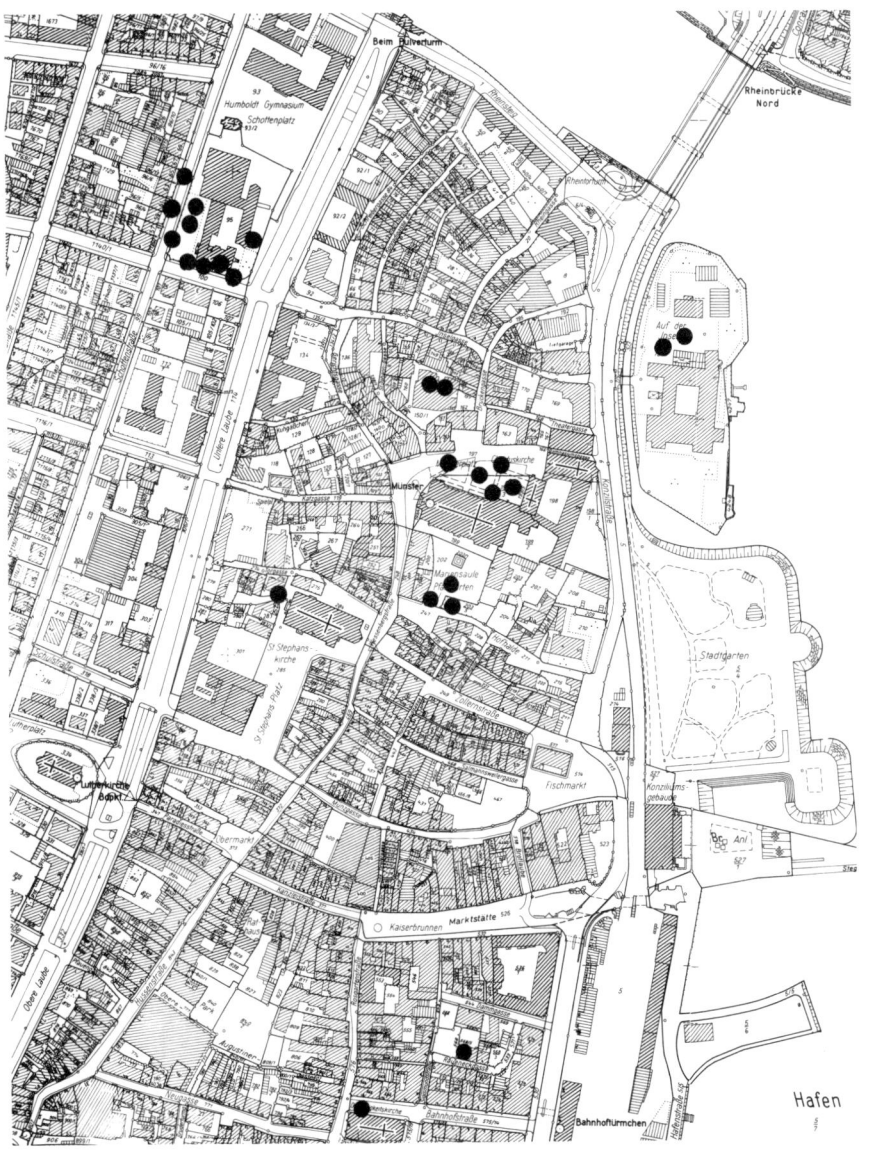

Abb. 19   Fundstellen von Münzen 268–383 n. Chr.

Römische Münzreihe (Stand 1982)	Konstanz	Bürgle	Moosberg
Victorinus (268)	1	–	–
Claudius II.	5	4	7
Tetricus I.	–	1	–
Quintillus	–	–	1
Tetricus II.	–	–	1
Aurelian	–	–	4
Probus	1	–	1
Diocletian	1	2	–
Maximinianus Herc.	2	2	–
Maxentius	–	1	–
Licinius	1	1	–
Constantius I.	–	–	1
Constantin I.	6	17	6
Constantin II.	–	–	–
Constans	–	8	10
Constantius II.	4	25	13
Magnentius	1	1	1
Julian	2	4	2
Jovian	–	1	–
Valentinian I.	3	11	2
Valens	–	11	1
Gratian	2	3	3
Valentinian II.	–	3	2
Theodosius I.	–	3	1
Arcadius (395–408)	–	–	1

Soweit die Herkunft festgestellt wurde, was bei fast der Hälfte der Fundmünzen der Fall ist, überwiegt bis in das Jahr 270 n. Chr. Rom als Prägeort, während später Mailand, Trier, Lyon und Aquileia vertreten sind. Bis in das letzte Drittel des 3. Jahrhunderts ist demnach ein stark italiengebundener Geldverkehr vorherrschend, und dieser wurde später durch die oberitalienischen und gallischen Prägungen abgelöst. Bis zur endgültigen Feinbestimmung aller Münzen kann also noch kein Überblick gegeben werden. So ist auch noch der Prozentsatz möglicher östlicher Prägungen unter den Konstanzer Fundmünzen ungeklärt.

Bronze- und Eisenfunde

Das Fundmaterial ist spärlich und stammt vorwiegend aus Lesefunden und kleineren Grabungen. Die Fundstellen waren meist nur großflächig bezeichnet, so daß in den meisten Fällen der genaue Fundort nicht mehr festzustellen ist. Ein Teil der Funde ist verschollen, wurde jedoch in eine erste 1981 erstellte Fundliste übernommen, soweit sie im Rosgartenmuseum registriert waren oder in einer Zeitung veröffentlicht worden sind, wie etwa der Fund eines römischen Schreibgriffels im Areal des früheren Klosters Petershausen durch Beck, einer Lanzenspitze und eines Dolchknaufs. Da diese Funde nicht begutachtet werden konnten, werden sie mit Vorbehalt aufgenommen. Die im Anhang beigefügte Fundliste gab 1981 erstmalig einen Überblick über diesen Fundkomplex.

Die Gläser

Die in Konstanz gelagerten Gläser waren ebenfalls bis 1981 nicht katalogisiert und nur in einer provisorischen Liste erfaßt. Ob diese Liste vollständig ist, muß bezweifelt werden, denn ein ganz wesentlicher Glasfund aus einem Grab war nicht aufgeführt. Da die Gläser mit Klebestreifen beschriftet waren, die in der Vitrine im Rosgartenmuseum abgefallen waren, können nur wenige Stücke wirklich dem Konstanzer Fundbestand zugeordnet werden. Bei einigen Gläsern war in der Liste eine Datierung angegeben, die mit Vorbehalt übernommen wurde, da der Bearbeiter nicht genannt war.

Funde verschiedener Art

Neben einem umfangreichen Komplex an Gebrauchskeramik, der nur zu einem Teil katalogisiert und noch nicht zeitlich bestimmt ist, gibt es noch Einzelfunde, die in Briefen genannt oder in einer provisorischen Liste des Rosgartenmuseums über römische Funde aus Konstanz, Eschenz und Pfullendorf aufgenommen sind. Bei vielen dieser Funde ist der Verbleib nicht mehr festzustellen. Eine Fundliste befindet sich im Anhang.

Darüber hinaus lagern in den Magazinen des Museums viele römische Leistenziegel, Firstziegelfragmente, Hypokaustplatten und tubuli für eine Wandheizung. Diese Funde sind noch nicht listenmäßig erfaßt und die einzelnen Fundorte nur bei wenigen Stücken feststellbar.

Die Lage in den Grenzprovinzen im 3. und 4. Jahrhundert

Bereits in der 2. Hälfte des 2. Jahrhunderts hatte eine allgemeine Verschlechterung der militärischen Lage im Osten wie im Westen des Imperiums eingesetzt. Durch die Parther-, Markomannen- und durch wieder auflebende Bürgerkriege und eine wirtschaftliche Rezession, nicht zuletzt bedingt durch die hohen Militärausgaben, zeigte sich der Niedergang des Reiches an, der sich in den folgenden zwei Jahrhunderten so qualvoll langsam vollziehen sollte. Für den europäischen Teil des Imperiums waren der Chatteneinfall des Jahres 162 und der Markomannenkrieg deutliche Zeichen, daß die Grenzverteidigung in Gefahr war und daß vor allem der frühere »cordon sanitaire«, geschaffen durch Verträge wie auch die abschreckende Wirkung der römischen Macht ins Vorfeld hinein, nicht mehr in vollem Umfange wirksam waren. Hinzu kamen notwendige Verlegungen von Truppen nach Osten, die im Westen zur Grenzverteidigung fehlten. Dies rief auch bei den Soldaten Mißmut hervor, denn die seit Jahren an feste Truppenstandorte gewöhnten, oft germanischen Soldaten in römischen Diensten wurden aus der gewohnten Umgebung herausgerissen, mußten ihre Familien und ihren Besitz zurücklassen. Daneben war der Verfall von Sitte und Moral zu verzeichnen und die Perversion der Macht unter Commodus. »Der Irrsinn des von religiösen Wahnvorstellungen durchzogenen Terrors wuchs ins Grenzenlose«, beschrieb Hans Kühner[1] die Zeit dieses Herrschers. Nachdem Commodus am letzten Tage des Jahres 192 und wenig darauf auch sein Nachfolger Publius Helvius Pertinax ermordet worden waren, brach erneut ein erbitterter Bürgerkrieg aus. Gegen den legitimen Kaiser Didius Julianus erhob sich in Illyrien Septimius

Severus, im Orient Pescennius Niger und in Britannien Clodius Albinus. Nach der Ermordung des Julianus besiegte Septimius Severus den Pescennius Niger bei Issos, und Albinus wurde bei Lyon geschlagen. Damit beginnt die Zeit des severischen Kaiserhauses. Das 2. Jahrhundert endete so nicht nur mit der Schwächung des Heeres durch die Bürgerkriege, sondern auch mit einer Schwächung des gesamten Reichsgefüges. Das 3. Jahrhundert, das 30 Kaiser und 23 Gegenkaiser aufweisen sollte, begann mit einer Dynastie, die bis in das 2. Jahrzehnt des Jahrhunderts geprägt war von Überheblichkeit, Ehrgeiz, Verbrechen und der endgültigen Erschütterung des augusteischen Principats. In diese Zeit hinein fiel ins Jahr 213 das erste Auftreten der Alamannen. Eine weitere schwere Bedrohung erwuchs dem Imperium im Osten, wo die persischen Sassaniden die Parther abgelöst hatten. Die nun wachsende Germanengefahr, die Unruhe im Osten, die weiter andauernden inneren Auseinandersetzungen und die damit verbundene Schwächung des Kaisertums wie der Armee, die allerdings an innerpolitischem Gewicht gewonnen hatte, die desolaten Finanzen und eine wachsende Unzufriedenheit markieren einen neuen Abschnitt in der römischen Geschichte.

Die gens Alamannorum, die im Jahre 213 erstmals von Kaiser Caracalla in einem Präventivkrieg besiegt wurde, setzte sich aus verschiedenen Völkerschaften zusammen, wobei der Kern von Sueben gebildet wurde[2]. Dieser siegreiche Vorstoß der Römer sicherte die Grenzen für zwei Jahrzehnte. Daß trotzdem die Römer die Alamannengefahr in jenen Tagen noch nicht in ihrer Schwere erkannt hatten, zeigt der Teilabzug der legio III. Italica aus Rätien für einen Einsatz im Osten.

Das Jahr 233 brachte dann den ersten alamannischen Vorstoß über die Limesanlagen, dem folgend noch viele verzeichnet werden sollten. Brandschichten und Schatzfunde markieren diesen schweren Einfall zwischen Lech und Bodensee, zeigen aber auch, daß von diesem Einbruch Westrätien, das Land zwischen Arbon und Stein a. Rh., nicht betroffen war. Der obergermanisch-rätische Limes war durchbrochen; mit verheerender Wirkung fielen die alamannischen Scharen in das bayerische Voralpenland ein. Wie überraschend dies geschehen sein muß, zeigt das Beispiel des Kastells Pfünz[3], wo bei späteren Ausgrabungen noch Hinweise darauf gefunden wurden, daß selbst die Wachen des Lagers nicht mehr zu ihren

Waffen greifen konnten. Münzdepots, etwa aus Welzheim und Eining, bezeugen, daß auch andere Militärlager hart betroffen waren. Selbst die Legionsfestung Regensburg wurde, wie Zerstörungshorizonte ausweisen, von diesem Alamannensturm erfaßt[4]. Wie W. Walke nachwies[5], ging im Jahre 233 Straubing unter, und auch Kempten erlitt schwere Schäden. Ganz außer Zweifel erfolgte der Hauptvorstoß in das osträtische Gebiet, doch zeigen einige Münzschatzfunde, so etwa aus Einsiedel (Landkreis Tübingen) bei Balingen, ja selbst bei Heidelberg und Baden-Baden, daß möglicherweise auch noch Seitenvorstöße stattfanden oder Fluchtbewegungen ausgelöst wurden. Allerdings muß angefügt werden, daß nicht in allen Fällen die Deponierung auch zwingend an diesen Vorstoß der Alamannen gebunden werden kann. Bei Depotfunden gelingt es nicht in allen Fällen, ein exaktes Jahr festzustellen. Soweit es das westliche Rätien, also auch den Bodenseeraum (Konstanz, Pfyn, Arbon) betrifft, gibt es nur einen Münzdepotfund, der in diese Zeit gehören könnte. Der Schatz, der angeblich im mittelalterlichen Mauerwerk der Schrotzburg bei Schienen gefunden wurde, ist jedoch leider nicht ausreichend dokumentiert worden. Da auch keine ausreichende Schilderung über die Fundumstände vorliegt, muß im Hinblick auf seine Verbindung mit dem Alamanneneinfall vom Jahre 233 größte Zurückhaltung geübt werden. Darüber hinaus spricht bisher kein eindeutiger Befund für die Tatsache, daß dieser alamannische Einbruch auch den Hegau oder Thurgau erreicht hat. Dafür gibt es in der villa rustica von Büßlingen Hinweise, daß dieser im Hegau gelegene Gutshof noch darüber hinaus existierte[6]. Dies kann als Indiz dafür gewertet werden, daß dieser Raum von den kriegerischen Ereignissen im Jahre 233 nicht betroffen war. Auch in den Gutshöfen von Eigeltingen, Kaltrain und Konstanz-Wollmatingen gibt es keinen Hinweis auf Zerstörungen, die mit diesem Alamanneneinfall in Verbindung gebracht werden könnten. Da für den helvetischen Raum und das Alpenrheintal bisher keine eindeutigen Schatzfunde für diese Zeit registriert wurden, darf der Schluß gezogen werden, daß die Hochrheinregion und der südwestliche Teil des Bodenseegebietes nicht betroffen waren.

Dieser Alamanneneinbruch, über die Limessicherung hinweg so tief in das bayerische Alpenvorland hinein, zeigt sehr deutlich die Schwächen einer linear aufgebauten Verteidigung, als mittels Verträge kein »cordon sanitaire« mehr vorhanden war und Rom nicht mehr in das Grenzvorfeld hineinwirkte. Hier wurde demonstriert, daß ein gezielter Einbruch in das starre Limessystem trotz der hinter dem Grenzwall errichteten Sicherungskastelle nicht aufzuhalten war und jederzeit tiefe Vorstöße in das Hinterland möglich geworden waren. Die Kohortenkastelle hinter dem Limes, ja selbst Legionslager wie Regensburg, die allerdings nur selten mit der ganzen Truppenstärke belegt waren, wurden angegriffen, konnten sich nur mehr selbst verteidigen, aber nicht mehr die Siedlungen und Gutshöfe und waren auch zu einem schnellen Gegenschlag nicht mehr in der Lage. Dieses starre Verteidigungssystem, das unter Domitian begonnen, unter Trajan und Hadrian weiter ausgebaut und teilweise auch erweitert worden war, war früher durch die Macht des Imperiums wirksam, doch diese Zeit war vorbei. Trotzdem zog man keine Lehre aus diesem großen Vorstoß, sondern man baute die Kastelle wieder auf oder besserte sie aus und kehrte zur alten Verteidigungskonzeption zurück. Weiter vermittelte der Limes ein trügerisches Gefühl der Sicherheit, ähnlich dem, das die Franzosen im 20. Jahrhundert im Hinblick auf die Maginotlinie erfüllte. Zwar konnten die Eindringlinge durch stärkere Kräfte in der Tiefe des Raumes gestellt werden oder sie kehrten mit reichlicher Beute selbst um, doch ein Abfangen unmittelbar hinter der Grenze war nicht mehr möglich. So wirkte dieser erste Alamannensturm, von dem im übrigen auch der Wetterau-Limes betroffen war, vor allem lähmend auf die Zivilbevölkerung. Wie das Beispiel der Münzschatzfunde zeigt, setzte wohl auch bereits in dieser Zeit eine Fluchtbewegung ein, die zum Verlassen vieler Gutshöfe führte und wobei selbst Randgebiete des Vorstoßes mit erfaßt wurden. Das Jahr 233 brachte so eine Zäsur hinsichtlich der Grenzverteidigung. Von diesem Jahr an herrschten Unsicherheit und Angst bis tief in die Grenzprovinzen hinein.

Nach der Ermordung des Kaisers Severus Alexander im Jahre 235, der von Mainz aus einen Gegenschlag geplant hatte, konnte sein Nachfolger Marcus Julius Verus Maximinus (Maximinus Thrax) die Folgen des ersten großen Alamanneneinbruchs bereinigen. Der Limes wurde wieder gesichert. Teile der Bevölkerung, die das Land hinter dem Limes nicht aufgeben wollten, kehrten zurück und fanden sich teilweise auch regional zu einem Selbstschutz zusammen, der trügerischen Ruhe an der Grenze nicht vertrauend, wie eine Inschrift aus der Wetterau bezeugt. Schon drei Jahre später wurde der tatkräftige Maximinus Thrax, der auch gegen Sarmaten und Jazygen im heutigen Ungarn erfolgreich war, in Aquileia ermordet. Wieder banden Auseinandersetzungen zwischen Thronprätendenten erhebliche Truppenkontingente, und als Gordianus III. erneut Verstärkungen für den Krieg im Osten vom Norden des Imperiums abziehen mußte, fielen in den Jahren 242 bis 244 wieder größere Scharen in Rätien ein. Münzschatzfunde in Tuttlingen und Schaffhausen könnten einen ersten Hinweis auf einen Vorstoß in Richtung Hochrhein geben, doch kann es sich beim Verbergen auch um Angstreaktionen gehandelt haben, denn im Schweizer Mittelland gibt es für einen solchen Angriff keinen Beleg. Sicher ist, daß wieder der osträtische Raum besonders betroffen war.

Ein weiterer alamannischer Vorstoß im Jahre 253 nach Osträtien und Noricum legte erneut die Schwäche der Grenzverteidigung bloß. Der rätische Limes hatte durch die wiederholten Einfälle seine Schutzfunktion weitgehend verloren, wenngleich die Sicherungskastelle noch intakt waren. Das einst vom Limes geschützte, blühende Land hatte seinen Wohlstand eingebüßt, Angst und Not machten sich breit. Die alte Verbindungsstraße von Pannonien über Augsburg nach Bregenz war nicht mehr sicher, und die Straße Rottweil – Tuttlingen – Augsburg war teilweise schon unterbrochen. So baute Kaiser Decius eine neue Straße von Bregenz über Immenstadt – Reutte nach Innsbruck, die nicht bei jedem alamannischen Beutezug sofort in der Gefahrenzone lag. Immer noch fehlte es aber an einer neuen Verteidigungskonzeption, und so konnten im Jahre 254 wieder Germanen über den Rhein nach Gallien vordringen. Münzschatzfunde aus den Militärlagern Zugmantel, Osterburken und Weißenburg, aus Ladenburg, dem Saarland und dem Elsaß zeigen nicht nur die Stoßrichtungen, sondern auch die räumliche Ausdehnung dieser Vorstöße an. Ein Fund aus Solothurn und ein Münzfund aus Lenzburg, nordwestlich Zürich, lassen im übrigen vermuten, daß nun auch erstmals das westliche und mittlere Hochrheingebiet tangiert wurde. Erstaunlich mag es anmuten, daß es aus dieser Zeit noch keine Hinweise auf eine vorbeugende Truppenstationierung in der Nord- und Ostschweiz gibt.

Nachdem Kaiser Valerian im Osten des Reiches in die Gefangenschaft des persischen Großkönigs Schapur I. geraten war, der ihn zur Schmach des Imperiums gerne vorführte und nach seinem Tode ausstopfen ließ, folgte in den Jahren 259 und 260 der bisher schwerste Alamanneneinfall, der insbesondere auch das Land am westlichen Hochrhein betraf. Dieser Angriff fand die Menschen links des Rheins unvorbereitet, es gab keine organisierte Grenzverteidigung in zweiter Linie, keine ausreichende Militärpräsenz. Schwere Verheerungen sind auch für Osträtien nachgewiesen. C. Berger[7] hat bestritten, daß dieser große Limesdurchbruch, der die Alamannen bis nach Mailand führte, das Schweizer Mittelland betroffen hat, und auch im Alpenrheintal fehlen für diese Zeit Zerstörungshorizonte und Münzschätze[8]. So darf angenommen werden, daß die Zerstörungen in Osträtien nur einem begrenzten Einfall zuzuschreiben sind, während der Hauptstoß den Oberrhein und westlichen Hochrhein betraf, von dort den Römerstraßen folgte und über die Pässe am St. Bernhard nach Oberitalien führte, wo die Alamannen dann von Gallienus besiegt wurden. Durch diesen massiven alamannischen Vorstoß, der weit in die Grenzprovinzen hinein bei der Bevölkerung eine Schockwirkung erzeugte, ging das rechtsrheinische Gebiet hinter dem Limes für die Römer verloren. Das Land am Oberrhein und die Hochrheinregion wurden zur Grenze. Gallienus sorgte nun mit einer Heeresreform dafür, daß zumindest in der Tiefe des Raumes Eingreiftruppen zur Verfügung standen. Befunde in Vindonissa belegen, daß dort im Jahre 260, wahrscheinlich noch vor dem großen Alamanneneinfall in die Westschweiz, die Mauern des früheren Legionslagers wieder errichtet und das Lager mit Truppen belegt wurde. Dies ist einer der ersten Hinweise, daß man zumindest an einigen Punkten Schutzmaßnahmen getroffen hatte. Allerdings reichte dies längst nicht aus. Die Angst, die in den Grenzprovinzen umging, zeigt eine breitgefächerte Fluchtbewegung, die an einigen Plätzen der Schweiz nachweisbar ist. Darüber hinaus dürften die Vorgänge auch den Handel ganz wesentlich beeinträchtigt haben. Gerade in den Jahren 259/60 und noch darüber hinaus war der Grenzbereich am Hochrhein nahezu schutzlos weiteren Angriffen ausgesetzt. Die Verteidigung war ganz offensichtlich nach dem Fall des Limes und den dauernden germanischen Angriffen zusammengebrochen. Auch die durch die Heeresreform des Gallienus bereitgestellten Truppen, vor allem Reiterverbände, konnten an der Grenze und dem unmittelbaren Hinterland keine Sicherheit bieten; sie konnten einen Angriff erst in der Tiefe des Raumes auffangen. Die kampfstarken Legionsverbände wurden dringend am Mittel- und Oberrhein benötigt, und so ist im helvetischen Bereich nur mit kleineren Truppeneinheiten oder Milizen zu rechnen. Der Hochrhein lag einem Angreifer offen. Da der Übergang bei Konstanz schwierig war und die Siedlung über einen guten, natürlichen Schutzgürtel verfügte, dürften hier zunächst keine besonderen Verteidigungsmaßnahmen getroffen worden sein, zumal hier auch keine Truppe nachgewiesen werden kann. Konstanz war auch kein besonders günstiges Angriffsziel, denn der Hochrhein konnte jederzeit an vielen Stellen überschritten werden, und die große Überlandstraße Augst – Windisch – Oberwinterthur – Pfyn – Arbon – Bregenz war dann für den weiteren Vormarsch leicht zu gewinnen. Dies gilt auch für die Straße von Augst nach Südwesten. Über die gut ausgebauten römischen Straßen war auch jederzeit schnell ein Vorstoß in die Tiefe des helvetischen Raumes oder gar nach Italien durchzuführen.

Wie wenig das Bild, das das Imperium in diesen Jahren der Not bot, geeignet war, der Bevölkerung wieder Mut und Vertrauen einzuflößen, zeigen die inneren Verhältnisse. So stritten sich noch unter Gallienus mehrere Usurpatoren um die Vormacht im Reich, die sogar teilweise, wie etwa Postumus, so lange wie Gallienus in Teilbereichen des Imperiums regierten. So waren zeitweilig Britannien, Gallien, Spanien, Syrien und Ägypten dem Einfluß des rechtmäßigen Herrschers entzogen. Das Imperium zeigte Auflösungserscheinungen wie nie zuvor. Erst nach der Ermordung des Gallienus im Jahre 268 stabilisierte sich die Lage etwas unter Claudius II. Gothicus und Aurelian. Claudius II. besiegte an der unteren Donau die Goten und schlug die Alamannen am Gardasee zurück. Er, der nur zwei Jahre regierte, konnte so vorübergehend die Grenzen halten. Kaiser Aurelian setzte das Werk fort. Es gelang ihm nicht nur das aufrührerische Palmyra in Syrien wieder botmäßig zu machen, sondern er konnte auch Gallien wieder fest an Rom binden. Gleichzeitig wurde aber unter ihm nochmals deutlich, daß selbst das Kernland Italien nicht mehr sicher war. Unter seiner Regierung geriet Italien in eine Gefahr, wie sie seit Hannibal nicht mehr über das Land gekommen war. Juthungen drangen im Jahre 270 über die Alpen und schlugen ein römisches Heer bei Placentia. Die Eindringlinge stürmten dann die Adria entlang und konnten von Aurelian erst nördlich Ancona, bei Fano, zum Stehen gebracht werden. Nach einem weiteren römischen Sieg bei Placentia war dieser weiteste Vorstoß zum Erliegen gebracht. Dieser weiträumige Angriff hatte eine große psychologische Wirkung und mündete in eine Maßnahme, die den Römern endgültig den Zerfall ihrer Macht vor Augen führte, wenn auch die Agonie des Imperiums andauern sollte: Aurelian begann mit der Ummauerung der Stadt Rom. Damit wurde den verantwortlichen Römern deutlich, daß selbst die Zentrale der Macht nicht mehr sicher war. Daneben litt der Handel, die Steuern wurden drastisch erhöht, Inflation setzte ein – es begann eine schleichende Verarmung. Die Germanen stießen bereits auf ein sterbendes Imperium.

Wahrscheinlich zog man um das Jahr 270 auch in Augst Konsequenzen. Ohne die vorhandene Wohnbebauung zu berücksichtigen, wurde am Fuße des Kastelenhügels wohl zum Schutz der Restbevölkerung ein Grabensystem und eine teilweise bis zu vier Meter starke Spolienmauer errichtet. Der Kastelenhügel war so noch vor Errichtung der Legionsfestung in Kaiseraugst zur letzten Zuflucht der Bewohner einer einst blühenden Stadt geworden. Noch nicht ganz geklärt ist, ob die Befestigung in Kaiseraugst nicht bereits auch in diesen Jahren begonnen wurde.

In den Jahren 275/76 überschritten die Franken den Niederrhein und brachen in Gallien ein, wo sie verheerend hausten. Etwa 70 Städte wurden verwüstet und Dörfer wahllos niedergebrannt, wie Brandschichten belegen.

Seit dem großen Alamannensturm in den Jahren 259/60 kam nun auch der helvetische Raum nicht mehr zur Ruhe. Während dieser Angriff nur den westlichen Teil der Hochrheinregion erfaßte, weisen Münzschatzfunde von Basel, Augst über Oberwinterthur bis Oberriet im Alpenrheintal für die Zeit von 270/71 neue Angriffe aus. Diesmal war neben der Ost- und Nordschweiz auch der nördliche Teil des Alpenrheintals betroffen, also der Raum westlich Bregenz. Dieser Vorstoß dürfte unter Ausnutzung der Straße Augst – Arbon auch den Raum Pfyn betroffen haben. Man kann annehmen, daß bei diesem Vorstoß, der in Gemeinschaft mit den Juthungen unternommen wurde, sowohl die Brücken bei Augst wie auch bei Zurzach und Eschenz benützt wurden. Offensichtlich wurde den Germanen kein sehr harter Widerstand entgegengesetzt; die Straßen, die noch nicht durch Kastelle gesichert waren, führten die germanischen Scharen rasch in das Grenzhinterland. Wieder war die Bevölkerung den Angriffen schutzlos ausgeliefert.

In einer weiteren Konsolidierungsphase unter Kaiser Probus in den Jahren 276 bis 282, in der dieser in Gallien erfolgreich kämpfte, an der Donau und in Kleinasien die Grenzen hielt und auch die Grenze in Osträtien wieder stabilisierte, kehrte an der Hochrheinfront wieder etwas Ruhe ein. Ob bereits unter Probus mit einer ersten Rheinbefestigung begonnen wurde, ist noch ungeklärt, doch dürfte in dieser Zeit das Kastell in Isny entstanden sein. Die Lage änderte sich erst, als 284 Diocletian die Herrschaft antrat. Er erhob Maximianus Herculius zum Mitkaiser und ernannte zwei Caesaren, darunter den Vater Constantins I., Constantius Chlorus, als Caesar des Westens; die Stadt Rom verlor durch wechselnde Residenzen der eingerichteten Tetrarchie ihre Bedeutung. Eine gründliche Reichs- und Heeresreform kennzeichnet seine Bemühungen, Verwaltung und Heer effektiver zu gestalten. Nach einem Sieg über Alamannen und Burgunder in Gallien, schaffte er ein Bewegungsheer, das jeweils an Brennpunkten eingesetzt werden konnte, während die Grenze von Milizeinheiten verteidigt wurde. Er löste die unter Gallienus geschaffenen Reitertruppen auf und gliederte sie dem Bewegungsheer ein. Das frühere Provinzialheer wurde in ein Garnisonsheer von Siedlern mit erblicher Verpflichtung zum Militärdienst umgewandelt[9]. Er führte aber auch Präventivoperationen, so im Bereich der obersten Donau, durch. Er kehrte für die Grenzregion zu einem starren, linear aufgebauten Verteidigungssystem zurück, das von ortsgebundenen Milizeinheiten und einer Eingreifreserve getragen wurde. Im Jahre 291 beschlossen die Augusti den Ausbau einer durchgehenden Befestigungslinie, die auch den Hochrhein einschloß. Bauinschriften weisen die Errichtung der Mauern von Oberwinterthur und des Kastells Stein a. Rh.-Burg für das Jahr 294 nach. Hinzu kamen von der Zivilbevölkerung angelegte befestigte Höhensiedlungen, wie sie insbesondere in Osträtien, aber auch im helvetischen Raum, so am Wittnauer Horn, nachgewiesen sind. Diese Höhensiedlungen oder Fluchtburgen wurden von der Bevölkerung oder einer ortsgebundenen Miliz verteidigt, in wenigen Fällen ist auch eine reguläre Truppe nachgewiesen. Auf die Frage, ob bereits unter Diocletian eine Befestigung von Konstanz erfolgte, wird im Zusammenhang mit der Frage nach einem spätrömischen Kastell an diesem Ort noch näher einzugehen sein. Die von Diocletian unternommenen Sicherheitsmaßnahmen reichten jedoch nicht aus, um dem geplagten Land Ruhe zu verschaffen. Noch waren die Lücken im Verteidigungssystem zu groß. Erst nach einem neuen Alamanneneinfall im Jahre 298, der den Caesar Constantius Chlorus bei Langres in erhebliche Schwierigkeiten gebracht hatte, und nach dessen Sieg bei Vindonissa trat auch am Hochrhein eine Zeit der Stabilität ein. Erst um die Mitte des 4. Jahrhunderts sind neue Einfälle der Alamannen hier bezeugt. Bedingt durch die Erfolge Diocletians kehrten auch wieder vorher geflüchtete Bewohner zahlreicher Gutshöfe zurück, wie Funde in einigen römischen Gutsanlagen in der Schweiz belegen. Wie sehr darüber hinaus dieser Kaiser versuchte, die alten Wurzeln der Kraft des Imperiums zu beleben, zeigt sich in seinen Ehegesetzen, in seinem Manichäeredikt, in seinem Verhältnis zu den Christen und im Versuch, das Lateinische als Amtssprache überall wieder durchzusetzen. Daß er dabei nicht in allem seiner Zeit gerecht wurde und diese Maßnahmen auch nicht zu dem von ihm gewünschten Erfolg führten, ist eine andere Sache. Er versuchte jedenfalls, wenn auch mit unzureichenden Mitteln, eine innere Festigung zu erreichen, wobei er allerdings eine Zeit wiederbeleben wollte, die endgültig zu Ende war. So ging das turbulente 3. Jahrhundert aus mit einer großen Reform und einem großen Soldatenkaiser, der persönlich zwar keine sehr liebenswürdigen Züge trug, doch mit Tatkraft dem Zerfall entgegenzusteuern versuchte.

Die von Diocletian begonnene Hochrheinfestigung wurde auch später noch fortgesetzt, das römische Heer unter Constantin I. erneut verstärkt. Wahrscheinlich wurden in dieser Zeit Teile der legio I Martia nach Kaiseraugst verlegt und damit ein Stützpfeiler römischer Macht am Rheinknie errichtet. Gerade dieses Gebiet zählte ja am Ausgang des 3. Jahrhunderts und seit dem Jahre 259 zu den besonders gefährdeten Bereichen. Die anderen Grenztruppen (limitanei) bestanden nun fast ausschließlich aus ortsansässigen Soldaten, darunter vielen Germanen, die auch ihre Familien bei sich hatten. Da bereits Diocletian mit dem Bau einer Kastellreihe in zweiter Linie begonnen hatte, konnten so auch in der Tiefe des Grenzstreifens Einfälle abgewehrt oder doch erheblich behindert werden, zumal diese

Kastelle die wichtigsten Straßen deckten. So entstanden die Kastelle Pfyn, Irgenhausen und Arbon. Wenn nun auch die Truppen in den rückwärtigen Lagern und damit verbunden der Straßenschutz ein nicht unerhebliches Hindernis, insbesondere beim Vormarsch eingefallener feindlicher Scharen, darstellten, konnte doch die Grenzsicherung immer noch jederzeit durchbrochen werden, wodurch für die Bevölkerung auch im rückwärtigen Gebiet eine latente Gefahr weiterbestand. Die nun zwar in die Tiefe gestaffelte, doch linear angelegte Grenzverteidigung konnte ihre Aufgabe auf Dauer nur erfüllen, wenn auch wieder in das Vorfeld hinein die Macht Roms demonstriert wurde. Nur eine Vorwärtsverteidigung, also eine permanente Bedrohung des Gegners und damit verbunden die Schwächung seiner Angriffskraft, konnte über die reine Grenzverteidigung hinaus Erfolge bringen.

Nicht zu bezweifeln ist, daß der Zustand des Imperiums und die äußere Gefahr nicht nur in den Grenzgebieten Angst und Verdruß steigerten. Die Abwehrkämpfe, die nach Diocletian wieder aufgebrochenen inneren Wirren wie die desolate Wirtschaftslage, die Diocletian trotz aller Bemühungen nur vorübergehend in den Griff bekommen hatte, förderten unter Bürgern und Soldaten die Suche nach anderen Lebensformen abseits des Staates, der längst nicht mehr der Definition Ciceros entsprach[10]. Die Morde zur Zeit und nach Constantin I., der Bruderkrieg zwischen Constans und Constantius II., die Erhebung des Magnentius in Gallien, des Vetranius in Illyrien, des Nepotianus in Rom und die des Silvanus Maximianus im Jahre 355 in Gallien machen die Auflösung der Reichsgewalt deutlich, wenn auch unter Constantius II., Julian und später auch unter Valentinian I. die Abwehrkräfte nochmals zusammengefaßt wurden und durch eine offensive Politik auch Teilerfolge erzielt werden konnten.

Der ungenügende Grenzschutz am Rhein brach unter dem Feldherrn Decentius, einem Bruder des Magnentius, zusammen, und im Jahre 352 fielen die Franken und Alamannen in breiter Front in die Rheinpfalz, das Elsaß und die Schweiz ein[11]. Die Münzschatzfunde aus dieser Zeit bilden auch einen Schwerpunkt im Alpenrheintal, der einen tiefen Einfall über den oberschwäbischen Raum in dieses Gebiet belegt. Besonders gravierend waren die Verluste in Gallien, und so bedurfte es großer Anstrengungen, der Lage wieder Herr zu werden. Constantius II. rückte im Jahre 354

von Kaiseraugst bei Basel in den Breisgau ein und zwang die Alamannen-
fürsten Gundomar und Vadomar zum Frieden. Im darauffolgenden Jahr
begab sich der Kaiser in den Bodenseeraum, wobei ungeklärt bleibt, wo
er sein Hauptquartier aufschlug. Sein Feldherr Arbetio leitete von hier aus
einen Angriff auf die im Norden siedelnden Lentienser, die er nach einer
anfänglichen Niederlage auch besiegen konnte. Wo die Schlachten stattfanden, ist unbekannt geblieben. Im Zusammenhang mit diesem Feldzug
kann auch eine Befestigung von Konstanz erwogen werden.

An diesen Feldzügen des Constantius II. läßt sich eine bewegliche Mili-
tärkonzeption ablesen. Man wollte durch Vorstöße in das Vorfeld der römischen Grenzbefestigungen den Gegner schwächen und beschränkte
sich bei einem feindlichen Angriff nicht mehr nur auf den Abwehrkampf
an der Grenze. Es wurde nun ein offensiver Abwehrkampf geführt. Dies
wurde in den Jahren nach der Ernennung des Julianus zum Caesar im
Jahre 355 und seiner Entsendung nach Gallien fortgesetzt. Zunächst
siegte Julian bei Troyes und Brumath, und gemeinsam mit Constantius II.
unternahm er im Jahre 356 einen weiteren Angriff gegen die Alamannen,
wobei der Kaiser wahrscheinlich bei Zurzach oder Stein a. Rh. den Rhein
überschritt. Julian gewann auch Köln wieder zurück. Danach zog er sich
mit seinen Truppen in ein Winterlager in Sens zurück. Die Tatsache, daß
er dort so tief in Gallien wieder von den Germanen angegriffen wurde,
zeigt, daß trotz aller Siege die Lage in Gallien instabil blieb. Dieser Vorgang macht aber auch deutlich, daß selbst ein begabter Feldherr mit einem
durch Erfolg motivierten Heer zur Raumsicherung nicht mehr in der Lage
war. Sicherheit für die Bevölkerung gab es in den Grenzprovinzen nicht
mehr. Die Kette von Niederlagen hatte auf die Germanen keine nachhaltige Wirkung ausgeübt. Es war offensichtlich geworden, daß eine Konsolidierung der Lage an der Grenze und in den Grenzprovinzen nicht mehr
zu erreichen war. Als im Jahre 357 der Heermeister Barbatio von Kaiseraugst nach Norden zog und Julian gleichzeitig von Reims nach Westen
vorstieß, um eine großangelegte Zangenoperation einzuleiten, gelang es
germanischen Scharen, eine Lücke zu nutzen und bis nach Lyon vorzustoßen. Dieser Vorgang ist symptomatisch für jene Zeit; auch eine Vorwärts-
strategie konnte die Germanen nicht mehr von der Grenze abhalten; ein
gezielter Vorstoß durchbrach nicht nur die Grenzsicherungen, sondern

führte weit ins Hinterland. Hierbei ließen sich diese Scharen auch nicht durch größere Truppenverbände in ihren Flanken schrecken. Hinzu kam, daß der Erfolg dieses römischen Feldzuges durch einen Fehler Barbatios verloren ging. Beim Abrücken in das Winterlager ließ er es an der Sicherung mangeln, und dies nützten die Alamannen aus, überfielen den Heerzug und brachten ihm schwere Verluste bei.

Nach der Alamannenschlacht bei Straßburg im Jahre 357, in der Julian die feindlichen Heerführer gefangennehmen konnte, führten weitere Vorstöße in den Bereich des früheren Limes, so in den Raum Öhringen, was zwar der Hochrheinregion eine Atempause verschaffte, doch ohne nachhaltige Wirkung blieb. Im Jahre 361 standen die Alamannen wieder am Hochrhein, und wahrscheinlich war dieses Mal Säckingen (Sanctio?) Ort eines Gefechtes, in dem der römische Feldherr Libino fiel[12].

Unter dem tatkräftigen Valentinian I. wurde letztmalig die Hochrheinfront erheblich verstärkt und die erste wie zweite Verteidigungslinie ausgebaut. Neben den Kastellen entstand eine dichte burgi-Kette von Basel bis Stein a. Rh. und dasselbe geschah am Donau-Iller-Abschnitt. Lediglich am Bodenseeufer von Stein a. Rh. bis Arbon fehlen bis heute Hinweise auf solche Anlagen. Gegenüber den Kastellen Kaiseraugst, Zurzach und Stein a. Rh. wie gegenüber Basel wurden befestigte Brückenköpfe gebildet. Auch die Tiefenstaffelung der Verteidigung wurde weiter ausgebaut, das Kastell Schaan am Eingang zum Paß Luzisteig ist hierfür ein Beispiel.

Zunächst war unter Valentinian I. der Hochrhein von Einfällen und anderen kriegerischen Ereignissen nicht mehr betroffen, doch wurde im Jahre 370 von hier aus wieder eine Offensive gegen die Alamannen vorgetragen. In die Zeit Gratians, eines Sohnes von Valentinian I., fiel der letzte größere Vorstoß der Römer, der sich gegen die Lentienser richtete und vom Hochrhein ausging. Während sich an der unteren Donau Kaiser Valens der Goten erwehrte, wozu er Hilfe von Gratian angefordert hatte, mußten zunächst alamannische Angriffe am Oberrhein abgewehrt werden. Es kam zur Schlacht von Horburg im Elsaß, in der Gratian siegte. Auf dem Marsch nach Osten drehte Gratian jedoch noch einmal um und begann einen Rachefeldzug gegen die immer noch unruhigen Lentienser. Hierbei überschritt er wahrscheinlich den Hochrhein. Ammianus Marcellinus, der dies sehr anschaulich schildert, gibt allerdings die Übergangsstelle nicht genau an und gibt auch keinen exakten Hinweis auf den Schlachtort[13]. Er berichtet: »Da sie nun (die Alamannen, d. Verf.), weder um Widerstand zu leisten noch um etwas zu tun oder ins Werk zu setzen, auch nur die kleinste Erleichterung finden konnten, flüchteten sie in raschem Ansturm zu den von unzugänglichen Klippen bedeckten Bergen, stellten sich ringsum an den steilen Felsstürzen auf und waren entschlossen, ihre Habe wie auch ihre Angehörigen, die sie mit sich genommen hatten, mit aller Kraft zu verteidigen. Man bedachte die Schwierigkeit und wählte wie zum Angriff auf Mauerhindernisse je Legion fünfhundert besonders kriegserprobte Soldaten aus. Die Tatsache, daß der Kaiser sich unternehmungslustig immer in den vordersten Reihen sehen ließ, stärkte ihre Entschlossenheit noch besonders, und so bemühten sie sich mit aller Kraft, die Höhen zu erklimmen; glaubten sie doch, wenn sie einmal oben wären, ihre Gegner wie eine Jagdbeute sofort und kampflos mit sich hinwegführen zu können. Der Kampf begann gegen Mittag und währte noch, als sich die nächtliche Dunkelheit senkte. Auf beiden Seiten wurde ja unter schweren Verlusten gerungen; nicht wenige der Unseren fällten zwar ihre Gegner, fielen aber auch selbst, und zugleich wurden auch die von Gold und in strahlenden Farben leuchtenden Rüstungen der kaiserlichen Garde durch die niederhagelnden Steine übel mitgenommen . . . Die Germanen leisteten jedoch auch weiterhin erbitterten Widerstand und zogen sich, ortskundig wie sie waren, auf andere Berge zurück, noch höher als jene, die sie zuvor besetzt hatten.«

Durch diese Operation kam Gratian im Osten zu spät. Kaiser Valens verlor am 9. August 378 bei Adrianopel eine entscheidende Schlacht gegen die Goten, in der er auch fiel. Hier begann die tödliche Bedrohung des Imperiums. Es waren in der Folge nicht mehr die Alamannen, die erst im 5./6. Jahrhundert zögernd mit der Landnahme im helvetischen Raum begannen, sondern Goten, Hunnen und Franken, die die Szene beherrschten. 32 Jahre später eroberte Alarich Rom. De jure hatten die Römer das Land südlich des Hochrheins und südlich der oberen Donau nicht aufgegeben, und so führte der römische Heermeister Aetius im Jahre 430 nochmals in Rätien einen Feldzug gegen die Juthungen, doch dies kann nicht darüber hinwegtäuschen, daß Germanen nun im westlichen Reichsteil das Geschehen bestimmten. Auch die große Hunnenschlacht auf den Katalaunischen Feldern in Frankreich wurde letztlich von den Westgoten, die Aetius zu Hilfe kamen, entschieden.

Zurückkehrend zum Raume Konstanz muß man feststellen, daß es keinerlei Hinweise dafür gibt, daß der Übergang über den Rhein je von den Römern zu Gegenoffensiven, noch von den Alamannen bei einem Angriff benutzt wurde. Dieser Übergang war nicht nur sehr schwierig, sondern es führte von hier aus auch nur eine zweitrangige Straße zur römischen Überlandstraße Windisch – Arbon, und dort lag überdies das Straßenkastell Pfyn. Die Alamannen benötigten für ihre Raubzüge einen schnellen Zugriff zu den nach Süden führenden Straßen, und dies war am westlichen und mittleren Hochrhein besser zu erreichen. Ein zweiter schneller Vormarschweg ergab sich im oberschwäbischen Raum in Richtung Kempten – Bregenz – Alpenrheintal. Konstanz lag somit in einem toten Winkel, und da es keine städtische Siedlung war, lohnte sich auch bei einem schnellen Vorstoß nicht ein Seitenvormarsch von Pfyn aus. Man mußte dieselbe Strecke ja wieder zurück, und auf große Beute war hier nicht zu rechnen. Auch für die Römer boten sich die Brückenköpfe am Hochrhein für einen Gegenschlag geradezu an – nicht jedoch der mühsame, schmale und nur mit einer Fähre besetzte Übergang bei Konstanz. Die Siedlung war, besonders durch ihre von der Natur begünstigte privilegierte Lage, doch recht sicher und wohl auch lange Zeit weitab von den schrecklichen Ereignissen, die die Siedlungen weiter westlich und südlich betroffen hatten.

Zu einem spätantiken Kastell

Viel ist bis in neueste Zeit über ein Militärlager in Konstanz geschrieben worden, wobei allerdings nur selten zwischen einer früh- und spätrömischen Anlage unterschieden wurde. Meist war mit dem Kastell in Konstanz eine spätantike Anlage gemeint. Die im 19. Jahrhundert aufgestellte Kastellthese erscheint nur ganz vereinzelt als Vermutung[1], sie war zur Tatsachenbehauptung geworden; ein Kastell wird auch heute noch weitverbreitet als gesichert angesehen[2]. Da im Gegensatz zu anderen Hochrheinorten, den römischen Kastellorten am Bodensee und Kastellen der zweiten Linie, etwa in Kaiseraugst, Zurzach, Stein a. Rh.-Burg, Pfyn, Arbon, Bregenz oder Irgenhausen, Brugg, Zürich, Solothurn, in Konstanz keine sichtbaren Reste von einem Militärlager künden, ist daher die Frage zu erörtern, ob die Gefahrenlage im ausgehenden 3. und im 4. Jahrhundert, die diocletianische und valentinianische Befestigungskonzeption und die bisherige Fundlage die Vermutung einer Festungsanlage zulassen. Vorweg sei festgestellt: Es geht hier nur um die Vermutung, ein Nachweis kann nicht erbracht werden.

Wie bereits angeführt, betrafen die alamannischen Vorstöße über den obergermanisch-rätischen Limes in der 1. Hälfte des 3. Jahrhunderts den südwestlich des Bodensees gelegenen Teil Rätiens und die Hochrheinregion nicht unmittelbar. Die Stoßrichtung der germanischen Scharen ging hauptsächlich in den oberschwäbischen Raum und den weiter östlich gelegenen Teil des bayerischen Voralpenlandes. Weitere Angriffe richteten sich gegen den Mittel- und Oberrhein. Möglich ist, daß der Vorstoß im Jahre 254 die Schweiz teilweise betroffen hat, doch gibt es keine Anzeichen, daß auch der Raum Stein a. Rh., Pfyn oder überhaupt der westliche Teil Rätiens betroffen war. Erst der Alamannensturm der Jahre 259/60 berührte die Westschweiz und damit auch den westlichen Teil der Hochrheinregion. Trotzdem war für die Siedlungen zwischen Oberwinterthur – Pfyn – Eschenz – Konstanz eine ernste Lage entstanden, die bei der Bevölkerung Anlaß zu Befürchtungen gab, zumal dieser Raum über keinen ausreichend organisierten militärischen Schutz verfügte und die Germanen nun jederzeit an allen Stellen des Hochrheins den Strom überschreiten konnten. Hierbei boten sich zunächst die Brückenübergänge bei Zurzach und Stein a. Rh.-Burg an. Über das gut ausgebaute römische Straßennetz konnte nach Überschreiten des Hochrheins dann schnell ein raumgreifender Angriff erfolgen. Spätestens nach den Vorgängen des Jahres 233 und den verheerenden Einfällen in Osträtien wird nicht nur eine Fluchtbewegung eingesetzt haben, sondern es werden auch zumindest im letzten Drittel des 3. Jahrhunderts Schutzmaßnahmen in die Überlegungen einbezogen worden sein. Doch ist etwa bei der einst reichen Stadt Augusta Raurica, die wegen ihrer hervorragenden Straßenverbindungen nach Osten, Südwesten und ins Elsaß, die für einen Angreifer von besonderer Bedeutung waren, erst um 270 mit der Befestigung des Kastelenhügels begonnen worden. Für die anderen Hochrheinorte und auch Konstanz gibt es aber für diese Zeit noch keine belegbaren Befestigungen. Erst unter Kaiser Probus, meist jedoch erst unter Diocletian, begann dann eine Konsolidierung der Lage, in der auch neue Kastelle zur Grenzsicherung angelegt wurden, wie etwa Stein a. Rh.-Burg. Für die Annahme, in Konstanz sei in den Jahren 259/60 ein Militärlager untergegangen[3] und ein neues Kastell sei in den achtziger Jahren des 3. Jahrhunderts erbaut worden, gibt es nicht den geringsten Anhalt. Da literarische und epigraphische Quellen fehlen, ist man auf die archäologischen Befunde angewiesen, und auf diesem Gebiet konnten bisher keine Erkenntnisse hinsichtlich einer solchen Schutzmaßnahme im 3. Jahrhundert gewonnen werden. Erst recht gibt es keinen Anhaltspunkt für die Annahme, in Konstanz habe seit der frühen Kaiserzeit bis ins 3. Jahrhundert ein Kastell bestanden. Dies war nicht notwendig, und auch bei keinem anderen Hochrheinort ist eine durchgehende militärische Belegung bezeugt. Nach Einrichtung des Limes lag Konstanz im befriedeten Hinterland, und selbst das Legionslager Windisch wurde um das Jahr 100 aufgehoben. Die Annahme, in Konstanz sei im 3. Jahrhundert ein Kastell untergegangen und Ende des Jahrhunderts habe man ein neues erstellt, kann nur als Phantasieprodukt gewertet werden.

Im Zuge der ersten durchgehenden Hochrheinbefestigung unter Diocletian wurden vor allem die Brückenübergänge durch Militärlager gesichert. Es galt, die Flußübergänge und damit die Zubringer zu den großen Römerstraßen abzudecken. Bei Konstanz war dafür keine Notwendigkeit gegeben. Keiner der bis heute vorliegenden Funde spricht für eine Befestigung der Siedlung oder ein Lager in dieser Zeit. Auch ließ die besondere Lage von Konstanz keinen Angriffsschwerpunkt erwarten. Mehrfach wurde schon darauf verwiesen, daß der rechtsrheinische Zugang zum Rhein in Konstanz nur sehr schmal war, daß eine Fähre benutzt werden mußte und daß erst in Pfyn die Überlandstraße erreicht war, die einen schnellen Vormarsch gestattete. Am Hochrhein dagegen, der schmal war und über Brückenübergänge verfügte, war das Überschreiten einfacher und führte unmittelbar zu den großen Straßen. Darüber hinaus lag in der Spätantike in Pfyn ein Straßenkastell, das sowohl die Straße nach Konstanz wie die Überlandstraße sicherte.

Der alamannische Einbruch im Jahre 298 bis in den Raum Windisch zeigt, daß von einer gesicherten Grenze auch jetzt noch nicht ausgegangen werden durfte. Die Grenzsicherungen, die unter Diocletian angelaufen waren, konnten solche Vorstöße noch nicht verhindern, wobei nicht auszuschließen ist, daß die alamannischen Scharen, die in Windisch angehalten wurden, von Westen kamen. Die Schwachstelle für den helvetischen Raum waren immer noch der Oberrhein und das Rheinknie bei Basel-Augst. Trotzdem trat nach den energischen Verteidigungsmaßnahmen unter Diocletian und Constantius Chlorus als Caesar des Westens am Hochrhein eine gewisse Beruhigung ein. Es ist durchaus möglich, daß die Reduzierung der Konstanzer Siedlung durch Fluchtbewegungen bereits Ende des 3. Jahrhunderts eingesetzt und sich Anfang des 4. Jahrhunderts fortgesetzt hat. Waren in dieser Zeit bereits Schutzmaßnahmen getroffen worden, dann waren sie nach den Funden sicher nicht von einer militärischen Truppe, sondern höchstens von einer Siedlungsmiliz getragen worden, obwohl auch für diese Möglichkeit kein Anhaltspunkt gegeben ist.

Eine durchgehende Besiedlung des Ortes bis zum Ende des 4. Jahrhunderts, die ja nachgewiesen ist, mag man sich allerdings ohne jegliche Verteidigungsmaßnahme nicht vorstellen. Offen ist allerdings die Frage, ob eine Befestigung der Siedlung, möglicherweise auch des Hafens, nicht erst Mitte des 4. Jahrhunderts aufgebaut wurde, denn erst unter Valentinian I. (364–375) war die Hochrheinregion mit Kastellen und einer burgi-Kette gesichert sowie eine Kastellinie im Hinterland vollständig errichtet. Da diese Fragen mit dem heutigen Wissensstand noch nicht beantwortet werden können, wird daher im folgenden unter Einbeziehung der bislang vorliegenden archäologischen Erkenntnisse einer weitgehend historischen Begründung für und wider ein Kastell der Vorzug eingeräumt. Die Archäologie lieferte zwar über das römische Konstanz einige recht gute Erkenntnisse, besonders was den vicus anbetrifft, konnte aber im Hinblick auf die Gliederung der Siedlung, ihren Stellenwert hinsichtlich des Seehandels oder der in der Spätantike vorhandenen Schutzbauten noch keine Antworten geben.

Geht man, wie bislang immer angenommen, von einem spätrömischen Kastell, einem Militärlager aus, muß man Vergleiche zu den noch recht gut erhaltenen Anlagen am Hochrhein und den Kastellen der zweiten Linie ziehen. Bei diesen liegt die Mauerstärke bei 3 bis 3,5 Meter. Lediglich in Pfyn, wo sich streckenweise die Mauer direkt an den steilen Hügel anlehnt, ist nur eine Mauerstärke von 2 Metern zu verzeichnen. Solche mächtigen Bauwerke müssen Spuren hinterlassen haben – und tatsächlich ist dies auch bei allen Kastellorten dieser Region recht eindrucksvoll der Fall, nur eben nicht in Konstanz. Während die Baureste in den Orten mit einem römischen Militärlager von Kaiseraugst bis über Pfyn nach Arbon, von Irgenhausen über Brugg, Zürich bis Solothurn noch deutlich sichtbar sind, gab es bisher in Konstanz keinen einzigen Befund, der einen Hinweis auf ein Militärlager gegeben hätte. Vor den Mauern lag in der Regel eine Berme (Verteidigungsvorfeld) von 20 bis 30 Metern Breite[4] zwischen Graben und Mauer, wobei mancherorts auch zwei Grabensysteme festgestellt wurden. Auch hiervon wurde nichts gefunden.

Geht man daher, begründet durch die allgemeine Gefahrenlage im ausgehenden 3. und im 4. Jahrhundert, von einer Befestigung des Ortes aus – was allerdings nur eine durch keine Belege gestützte Vermutung sein kann –, stellt sich die Frage nach der Art der Befestigung, nachdem ein Kastell bis heute nicht nachgewiesen werden konnte. Um alle nur möglichen Befestigungsvarianten auszuschöpfen, soll zunächst noch einmal auf alle vorhandenen Fakten und Ansichten hinsichtlich eines Militärlagers eingegangen werden. Zu Beginn dieser Überprüfung und der Überlegungen zu einer Befestigung sei darauf hingewiesen, daß auch der zwar unwahrscheinliche, doch auch nicht völlig auszuschließende Gedanke, es habe in Konstanz überhaupt keine Befestigung gegeben, mit in die Überlegungen einbezogen werden muß.

Während die bisher angefertigten Grundrißzeichnungen eines spätantiken Militärlagers in Konstanz in keinem einzigen Punkte belegt werden können, folglich reine Spekulation sind und von falschen Voraussetzungen ausgingen, war einer dieser fiktiven Pläne doch Ausgangspunkt einer Grabungskonzeption des Jahres 1957. Der Ausgräber Gerhard Bersu hatte sich zum Ziel gesetzt, den Beweis für eine Kastellanlage zu erbringen, als er am nördlichen Münsterplatz seine Suchschnitte zog. Er nahm an, daß er dort auf die Kastellnordmauer stoßen würde. Nachdem der Erfolg ausblieb, hat er seine Suchschnitte nach Norden erweitert, doch konnte er auch hier die Kastellmauer nicht finden. Trotzdem hat Bersu auf dem Limes-Kongreß in Rheinfelden 1957 erklärt, daß nunmehr die Festung in Konstanz gesichert sei, und dies trug nicht unwesentlich dazu bei, die Kastellthese zu festigen. Da der Ausgräber bald darauf starb, damit seine Grabungsergebnisse nicht mehr publizieren konnte, ist man heute auf sein Grabungstagebuch angewiesen[5], das allerdings die Frage, wie er zu seiner Aussage in Rheinfelden kam, auch nicht beantwortet. Neben dem früher bereits genannten frührömischen Estrich, den Bersu anschnitt, fand er insbesondere späte Terra-sigillata-Bruchstücke, darunter auch sogenannte Argonnen-Ware. Nur auf diese wenigen Keramikbruchstücke (etwa 20!) gründete er seine Meinung über ein Kastell. Bersu sagte, daß diese Menge (!) nicht nur von einem Turm (burgus) herstammen könne. Hierbei ließ er wohl außer acht, daß ja noch eine Zivilsiedlung bestand, diese selbst bei einem Kastellbau nicht völlig untergegangen wäre, demnach die Terra sigillata auch dem zivilen Bereich zugeordnet werden konnte. Diese späte Terra sigillata gibt keinen zwingenden Hinweis auf das Militär. Es ist heute nicht mehr nachzuvollziehen, wie ein erfahrener Ausgräber wie Bersu zu einer solchen Aussage kam. Im Gegensatz zu seinen Angaben auf dem Limes-Kongreß von 1957 hat er – und dies ist heute anerkannt – keinen Beweis für ein Militärlager in Konstanz erbracht. Er konnte sich weder auf Baubefunde, noch auf Funde stützen, die für das Militär typisch sind. Genauso wenig wie über die späte Terra sigillata, kann aber auch nicht mittels Münzen der Kastellnachweis geführt werden. Die Aussage des Numismatikers H. J. Brem aus Zürich gegenüber dem »Südkurier« (veröffentlicht am 22. 11. 1988), daß römische Münzen aus Konstanz einen Hinweis auf die Anwesenheit von Militär geben und

eine mit einem Tiberius-Gegenstempel versehene Münze nur von Soldaten nach Konstanz gekommen sein kann (J. Oexle, SK v. 22. 7. 89) ist so
nicht haltbar. Diese einzelne Münze ist kein eindeutiger Beweis für eine
Truppenstationierung.

Als Nachweis für eine Kastellanlage wird dann auch immer wieder der
bereits genannte »Spitzgraben« am südlichen Münsterhügel herangezogen. Vor allem Beck vertrat trotz der gegenteiligen Aussage des Ausgräbers Revellio hartnäckig die Ansicht, daß es sich bei den festgestellten Vertiefungen am Hofhaldeaufstieg um ein römisches Grabensystem handelt,
wobei allerdings seine Aussagen hinsichtlich der Zeitstellung, früh- oder
spätrömisch, divergieren. Mit den verschiedenen Aussagen hat sich Beck
alle Möglichkeiten offengehalten, wobei ihm wohl manchmal selbst Zweifel gekommen sind, ob es sich wirklich um ein römisches Grabensystem
handelt, da er in seinen verschiedenen Publikationen auch einmal einen
mittelalterlichen Graben angenommen hat. Da seine recht frei konstru-
ierten Fundzusammenhänge, auf die noch einzugehen ist, den »Spitzgraben« als Ausgangsbasis hatten, kam er immer wieder auf diesen »Beweis«
zurück, prägte damit auch wissenschaftliche Aussagen, vor allem aber die
öffentliche Meinung in Konstanz.

Um das Spitzgrabenthema abzurunden, sei noch angeführt, daß bei der
Grabung von 1957 auch direkt an der südlichen Grundmauer des Kreuz-
ganges an einer Stelle eine schräg zur Mauer verlaufende Abgrabung
durch Erdverfärbung sichtbar wurde. Zunächst sah diese Vertiefung wie
ein halber Spitzgraben aus. Auch darum rankten sich sofort Spekulationen, ob hier nicht der Nordgraben des Kastells gelegen habe. Nicht nur,
daß dann das Areal für ein Kohortenlager zu klein gewesen wäre, sondern
auch W. Schleiermacher von der Römisch-Germanischen Kommission in
Frankfurt hat sich unmißverständlich dafür ausgesprochen, daß es sich
hier um eine Eintiefung beim Bau der Kreuzgangmauer handelt. Baufach-
leute bestätigten dies.

Die geradezu verzweifelten Versuche, ein spätantikes Kastell in Konstanz doch noch nachzuweisen, führten denn auch zu Fehlinterpretationen, da jeder Fund gedanklich einem Militärlager zugeordnet wurde. So
berichtet Revellio in seinem bereits genannten Fundbericht über die Ausgrabungen am südlichen Münsterhügel vom Auffinden einer römischen

Steinsäule (Tischfuß), die unter der sogenannten Mauer III gelegen hatte. Revellio berichtet weiter, daß in der Grubenverfüllung, in der der Tischfuß lag, auch mittelalterliche Scherben gefunden wurden. Nun hielt Beck diese Mauer III am südlichen Münsterhügel für römisch und führte in einem Artikel für die »Badische Heimat«, 3, 1953, aus: »Wie aber kam die Säule des Steintisches unter die Mauer? Hier wäre folgende Möglichkeit zu prüfen: Durch den Alemanneneinfall um 260 ging, wie die meisten Kastelle der Rheinlinie, auch das Konstanzer Kastell verloren und wurde erst 290 durch Constantius Chlorus wieder aufgebaut, diesmal in Stein. Der Spitzgraben wurde zugeschüttet und der Brandschutt vom zerstörten Kastell wanderte in den Spitzgraben, so auch der Steintischfuß, der wohl aus dem abgebrannten Prätorium im Lagerinnern stammte. Es war nämlich Gepflogenheit der römischen Soldaten und Handwerker, alte Baustücke, auch Grabsteine, wieder zu verwenden und einzumauern . . . in diesem Falle wollte man die Mauer in Konstanz gegen Untergrabung schützen. Die zum Neubau benötigte Kalkgrube trieb man in den nicht mehr benötigten Spitzgraben, dann wurde sie wieder aufgefüllt, daher die spätrömischen Scherben in ihr . . . Also wieder ein Beweis für eine Umfassungsmauer!« Nicht nur postuliert hier Beck eine durchgehend besetzte Holz-Erde-Kastellanlage vom 1. bis zum 3. Jahrhundert, die im Jahre 260 untergegangen sein soll und 290 in Stein wieder neu errichtet wurde, sondern er weist auch bereits den Steintischfuß einem Prätorium zu und wertet die Kalkgrube als notwendig beim Neubau der Militäranlage. Gerade diese Passage ist typisch für die frühere Interpretation archäologischer Funde und die Geschichtsschreibung von Konstanz, weshalb sie im Wortlaut wiedergegeben wurde. Wie schon angeführt, kann weder der »Spitzgraben« eindeutig einer Militäranlage zugeordnet werden, noch gab es eine durchgehende Militärpräsenz vom 1. Jahrhundert an, noch war die Mauer III römisch. Im Jahre 1941 wies Beck auf einen Fund Leiners vom Jahre 1897, einen Bronzeschmelzofen, hin, verband diesen gedanklich mit der von Revellio 1931 gefundenen Kalkgrube und schloß daraus, daß die römischen Handwerksbetriebe an der Südseite der Hofhalde angesiedelt waren. Im Jahre 1961 rückte er wieder davon ab, da der Schmelzofen, den Leiner gefunden hatte, eindeutig mittelalterlich gewesen war. Hier wurde die Logik der »Beweisführung« unterbrochen. Wäre der Schmelzofen römisch gewesen und hätte sich dort, unmittelbar an einer Kastellmauer, ein römisches Handwerkerviertel befunden, wäre dieses innerhalb der Berme, also des unmittelbaren Verteidigungsvorfeldes gelegen und hätte die Verteidigung behindert. Wenn schon ein Handwerkerviertel vor einem Kastell, dann in einer anderen Entfernung zu Graben und Mauer.

An der Tatsache, daß Mauer II und Mauer III an der Hofhalde zu Beginn des Pfalzgartens, mittelalterlich sind und einem mittelalterlichen Gebäude zugehören, kann nicht gezweifelt werden, und dies wurde auch durch Erdmann/Zettler einwandfrei festgestellt. Gedanklich zog aber Beck die Mauer III mit einer wahrscheinlich ebenfalls mittelalterlichen Mauer beim Kolpinghaus zusammen, die er für die Hafenmauer hielt. Er erklärte sehr bestimmt, daß diese Mauer zum Hafen hinunterzog und erst dort endete. Dies als ein weiterer Beweis für eine gedankliche Konstruktion, die eine falsche Ausgangsbasis hatte. Dieser um das römische Konstanz hochverdiente Mann hatte sich hier in ein Wunschdenken verrannt. Dabei steht er allerdings nicht allein. So hat Eiermann einen von Leiner im 19. Jahrhundert angeschnittenen Turm, den Beck später noch bei Tiefbauarbeiten gesehen hat, am nördlichen Münsterplatz am Eingang zur Brükkengasse gelegen, in einem fiktiven Kastellplan als Eckturm des vermuteten Militärlagers eingezeichnet, wobei er Ost-, Süd- und Westseite des von ihm angenommenen Kastells aus anderen Plänen übernahm, das Lager aber nun nach Norden erweiterte. Er bezog die von Leiner am nördlichen Münsterplatz gefundene 2 Meter starke Mauer, die schräg auf das Haus Münsterplatz Nr. 7 zulief, in seinen Plan ein, desgleichen den genannten Turm und zeichnete dann die im Nordosten verlaufende Mauer schräg nach Südosten auf die Ostmauer der anderen Planvorlagen zu. Damit kam er zu einer fünfeckigen Form seines Kastells. Auch Eiermann kann für diese These keinen einzigen Beweis liefern. Der beim Eingang zur Brükkengasse liegende Turm besteht nach Beck aus Rorschacher Sandstein und stammt, wie Beck richtig erkannte, aus dem Mittelalter.

Die Beispiele zeigen deutlich, wie stark das Kastelldenken vorherrschte und wie eifrig man bemüht war, das Kastell endlich nachzuweisen. Ähnliches gilt ja auch für die Aussagen von Bersu. Obwohl er »seine« Kastellmauer, trotz Verlängerung seiner Suchschnitte, nicht gefunden hatte, blieb er bei der Kastellthese und wandelte diese sogar zur Tatsachenbehauptung. Obwohl man in nahezu einem Jahrhundert keine Belege für ein Kastell gefunden hatte, blieb es in nahezu allen Publikationen bei einem Militärlager in Konstanz. Die Fundsituation wurde völlig negiert.

Eine weitere Vermutung Becks, die Mauritiusrotunde am Münster gehe auf einen römischen Rundturm zurück, ist nicht haltbar. In den Überlieferungen über den Bau der Rotunde gibt es keinen Hinweis auf ein früheres Bauwerk, und die bisherigen Untersuchungen der Münsterbausubstanz ergaben keinen Anhalt für römische Mauern.

Da die Fundlage am Münsterhügel und in der Niederburg die bisherige Kastellthese nicht stützen kann, wäre noch auf die Möglichkeit eines Militärlagers auf der Dominikanerinsel einzugehen. Eine mittelalterliche Überlieferung bekundet eine »starke Feste« eines römischen Landpflegers Constantius auf der Insel[6]. Obwohl es auch hier keine Baubefunde aus römischer Zeit gibt, griff Beck diese Geschichte auf und zog auch dort ein Kastell in Erwägung. Ohne näher auf diese Vermutung einzugehen, sei darauf verwiesen, daß ein Kastell an dieser Stelle falsch plaziert gewesen wäre. Zwischen Insel und Niederburg lag ein breiter Wasserstreifen von 50 Metern oder gar mehr. Dieser Wasserarm hätte überbrückt werden müssen, und bei Zerstörung dieses Kastellzugangs wäre die dort stationierte Truppe bewegungslos geworden. Sie hätte ihre Aufgabe nicht mehr erfüllen können. Auch als Hafenschutz wäre eine Anlage auf der Insel am falschen Platze gewesen, wie noch näher auszuführen sein wird. Da die Insel zu römischer Zeit kleiner war als heute, vor allem in ihrem südlichen Teil erst im Mittelalter aufgefüllt wurde, können natürlich vereinzelt römische Funde auftreten, doch kamen sie dann über Auffüllmaterial dorthin.

Bleibt man bei der Kastellthese, also einem Kohortenlager, käme hierfür tatsächlich nur der Münsterhügel in Frage. Da noch einige Grabungserkenntnisse vom Münsterhügel fehlen, kann eine wirklich endgültige Aussage heute nicht gemacht werden, doch kann bei der heutigen Fundlage, vor allem beim Fehlen jeglicher Baubefunde, und nach Berechnung des zur Verfügung stehenden Areals, nicht von einem solchen Lager ausgegangen werden. Nach eingehender Würdigung der archäologischen Funde verstärken sich die Zweifel an einer solchen Anlage in Konstanz. Es muß immer wieder gesagt werden, daß im Gegensatz zu allen anderen Kastellorten an Hochrhein und Bodensee keine spezifischen und für das Militär typischen Funde vorliegen und von einer mächtigen Festungsanlage nichts gefunden wurde. Für so bestimmte Aussagen, wie man sie in Publikationen findet, gibt es nun einmal keine Belege. Zumindest legen die heutigen Erkenntnisse nicht den zwingenden Schluß nahe, in Konstanz müsse ein Militärlager bestanden haben.

Geht man nochmals auf einige Einzelaspekte ein, wird dies noch deutlicher. Bei einem spätrömischen Kastell lag zwischen dem Grabensystem – manchmal waren es zwei Grabensysteme, wie bereits ausgeführt – und der Kastellmauer eine Berme von 20–30 Metern. Selbst wenn man eine geringere Berme annimmt, diese Ausnahmen gibt es durchaus, und nur von einem Graben ausgeht, würde auf dem Münsterhügel nur wenig Platz für ein Lager bleiben. Auf jeden Fall hätte der nördliche Münsterhügel einbezogen werden müssen. Dort fand man aber im Jahre 1957 nichts. Ein Kastell aber am abfallenden Hügel, in der Niederburg, darf kaum angenommen werden. Bleibt man bei Eiermanns Rekonstruktionszeichnung, stößt man sich an der gegenüber anderen Hochrheinkastellen verminderten Mauerstärke, wenn man von der von Leiner angeschnittenen Mauer auf dem nördlichen Münsterhügel ausgeht. Noch stärker werden aber die Zweifel beim bereits genannten Eckturm am Eingang zur Brückengasse. Nicht nur, daß Beck eine Sandsteinmauerung bezeugt, störend ist auch die runde Form. Die spätrömischen Kastelle im Bereich der Hochrheinregion und in Arbon sind zwar dem Gelände angepaßt und haben nicht mehr eine starre Viereckform, doch wurden sie nach einheitlichen Bauvorschriften errichtet, was Mauerung, Türme, Tore betrifft. Nun weist keines der genannten Kastelle Sandstein aus, und es gibt dort auch keine Rundtürme. Es fällt überhaupt schwer, in einem Kohortenkastell im südwestdeutschen Raum einen Rundturm zu finden, im Gegensatz zum Niederrhein. Die römischen Festungstürme waren in aller Regel viereckig oder halbrund und schlossen meist bündig mit der Mauer ab. Lediglich die Eingangstore sind teilweise verschieden, doch auch nicht mit Rundtürmen versehen. Die halbrunden Türme, wie man sie noch gut in Stein a. Rh.-Burg und Zurzach, aber auch in Arbon sehen kann, gehören zur gängigsten Bauweise neben vorspringenden viereckigen Türmen. So ist der von Eiermann erstellte Kastellplan eine Fiktion und spielte auch später in der Literatur fast überhaupt keine Rolle. Es war notwendig, auf die Eiermannsche Rekonstruktion noch einmal einzugehen, weil erst neuerdings wieder einmal die Frage erwogen wurde, ob es sich bei dem Turm nicht doch um einen Kastellturm gehandelt hat.

Wenn zu Beginn gesagt wurde, daß Befestigungswerke, wie etwa ein Kohortenlager, Spuren hinterlassen müssen und wirklich in allen Kastellorten des Hochrheins, am Bodensee und denen in zweiter Linie solche auch eindrucksvoll noch vorhanden sind, so bleibt es erstaunlich, daß in Konstanz bisher davon überhaupt nichts gefunden werden konnte. Lange Mauern mit drei und mehr Metern Breite lassen sich nicht spurlos beseitigen. Auch später, als die Bischöfe die Bischofsburg bauten, bestand kein Grund, alles abzuräumen. Zumindest die Ostmauer, wo der Hügel steil zum See abfällt, hätte wiederverwendet werden können, wie dies beim Bau der Burg Altenburg bei Brugg in der Schweiz oder beim Burgbau in Arbon der Fall war. Zwar ist heute im Osten des Münsterhügels noch eine Mauer an den Hügel angelehnt, doch ist es keine römische Mauer. Die römischen Befestigungsmauern sind in Schalenbauweise errichtet, und selbst bei einem späteren Ausbrechen der zugehauenen Steine an den Außenfronten verbleibt in aller Regel ein breiter, stark vermörtelter Kern aus Bruchsteinen und Wacken, der auch heute noch sichtbar sein müßte, denn gerade solche Mauerkerne sind wegen ihrer massiven Bauweise schlecht zu entfernen. Warum, so muß man sich fragen, ist beim Bau der Bischofsburg nicht wenigstens die Ostmauer eines Kastells, über die hinaus die Burg ja nicht reichte, wenigstens mitbenützt worden?

Bei allen Überlegungen und der heutigen Fundlage bleiben erhebliche Zweifel an einer solchen spätantiken Anlage. Die Belege blieben bisher aus, und keine der Vermutungen kann sich auf einen Baubefund stützen. Wie phantasievoll auch von namhaften Wissenschaftlern gearbeitet wird, zeigt die Aussage in zwei schweizerischen Publikationen, wonach sich die Gräber überwiegend am Stephansplatz und beidseitig der Hussenstraße befanden, »in deren Verlauf sich der antike Zugang zum Kastell erhalten hat«. Das letzte Grab liegt jedoch in der Wessenbergstraße 6, unterhalb des Hügels, und dort verlief die Römerstraße, nicht über den Hügel, wo ja das Kastell gestanden haben soll. Von einem antiken Zugang zum Kastell, der sich erhalten hat, kann ebenfalls nicht die Rede sein. Wie es zu einer solchen Aussage kommen konnte, ist völlig unersichtlich. Auch die

*Abb. 20   Rekonstruktion des spätrömischen Burgus mit Schiffslände,
Ladenburg/Neckar (nach Heukemes)*

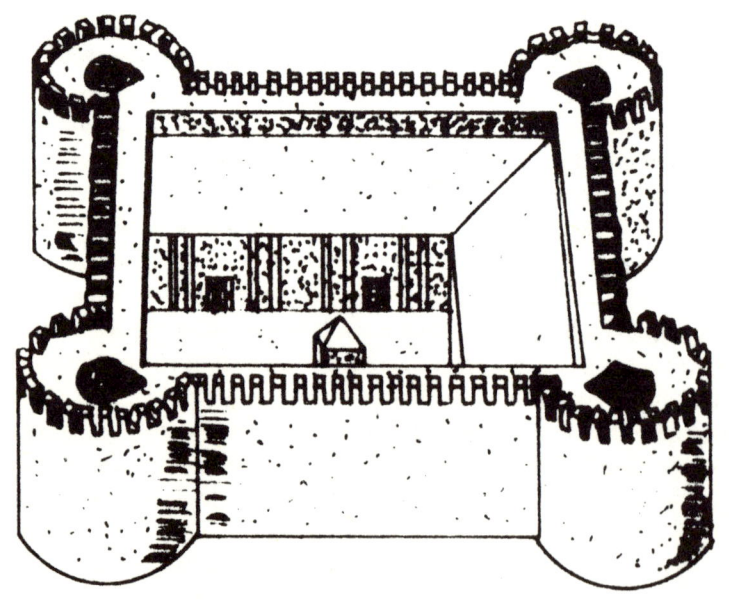

*Abb. 21   Untersaal. Rekonstruktion des Großburgus,
Ansicht von Süden (nach Garbsch)*

am südlichen Münsterhügel von Beyerle gefundene »Straße« markiert nicht, wie teilweise angenommen, den Kastelleingang, sondern ist ein gegossener Estrich eines römischen oder mittelalterlichen Hauses.

Da die Suche nach einem Kastell bislang ohne Erfolg blieb und Zweifel an einer solchen Anlage berechtigt sind, bedingt durch die Gefahrenlage im 4. Jahrhundert aber von einer Art von Befestigung ausgegangen werden muß, müssen nun auch alternative Befestigungsmöglichkeiten in die Überlegungen einbezogen werden. So sind für Konstanz neben einem Kohortenkastell auch noch ein ummauerter vicus, ein Großburgus als Hafenschutz oder ein Centenarium, ein Kleinkastell (Abb. 20, 21), denkbar. Die besonders günstigen topographischen Verhältnisse von Konstanz lassen eine solche Möglichkeit, abweichend von der Befestigungskonzeption am Hochrhein, zu. Dabei könnte dann von einem verringerten Platzbedarf ausgegangen werden, soweit ein burgus oder ein Centenarium in Frage kämen. Bei einem ummauerten vicus könnte auch eine verringerte Mauerstärke angenommen werden, obwohl es auch hier Mauerstärken bis zu 3 Metern gibt, wie etwa in Oberwinterthur. Erdmann[7] hat im Hinblick auf eine leider nicht dokumentierte, von ihm auch nicht in Augenschein genommene Mauer in der Niederburg, die im letzten Jahrzehnt angeschnitten und von Bauarbeitern beschrieben wurde und der er fortifikatorischen Charakter zusprach, als Arbeitshypothese einen ummauerten vicus in Erwägung gezogen. Dabei stützte er sich auch auf die erste Nennung der Stephanskirche als »extra civitatem« gelegen. Wenn nun auch diese Mauer in der Niederburg nicht als römisch gesichert ist, gab Erdmann doch damit einen Anstoß, einmal gründlicher über diese Frage nachzudenken. Da er selbst die Frage offenließ, ob es sich nicht auch um eine mittelalterliche Mauer handeln könnte, war zunächst nach Anhaltspunkten für einen bewehrten vicus zu suchen. Tatsächlich gibt es ja nun ein Mauerstück, wenn auch nicht eindeutig als römisch gesichert, das aber immerhin mit römischer Wohnbebauung in Verbindung gebracht werden darf. Es ist die am nördlichen Münsterplatz von Leiner genannte Mauer, die bereits im Kapitel über den vicus angesprochen wurde. In der Erwägung einer ummauerten Siedlung spielt diese Mauer eine nicht unerhebliche Rolle.

Die genannte Mauer mit einer Stärke von zwei Metern wurde nur auf eine ganz kurze Strecke freigelegt, und leider wurde sie von Leiner nicht beschrieben. Sie zieht quer über den Münsterplatz, worauf Leiner ausdrücklich hinweist, und folgt nicht den mittelalterlichen Baufluchten. Da in unmittelbarer Umgebung eine römische Wohnbebauung festgestellt wurde, kann ein Zusammenhang nicht von der Hand gewiesen werden, wenngleich dieses Mauerstück theoretisch auch dem frühen Mittelalter zugehören könnte. Allerdings scheint doch zwischen dieser Mauer und der römischen Bebauung in zwölf Metern Abstand eine Verbindung zu bestehen. Unterstellt man den römischen Ursprung, obwohl dieser nicht gesichert ist, und berücksichtigt man die Lage vor einem römischen Wohnhaus, wäre hierin ein Hinweis auf eine ummauerte Siedlung zu sehen. Das Wohnhaus hatte Fußboden- und Wandheizung, war also keine Soldatenunterkunft. Zwar gibt es nördlich der Alpen vereinzelt auch beheizte Kastellräume, doch nicht in einer Unterkunft für einfache Soldaten, die in den meisten Fällen in Mauernähe lagen. Hier muß von einer gut ausgestatteten Wohnbebauung ausgegangen werden. Handelt es sich um eine Wehrmauer aus römischer Zeit, so wäre dies ein Indiz für einen bewehrten vicus. Noch ist dieser Fund für sich alleinstehend. Ist dies eine Mauer, der man Wehrcharakter zusprechen kann, müßte sie weiterziehen, was heute noch nicht bewiesen werden kann, zumal bei Tiefbauarbeiten entlang der Häuserfront des nördlichen Münsterplatzes eine solche Mauer nicht mehr auftrat. Eine Nachgrabung wäre hier dringend erforderlich, schon um zu einer Datierung zu gelangen. Ungeklärt ist auch die Lage der Mauer zu einem angeblichen Mosaikfund etwas weiter westlich. Sollte es sich hier tatsächlich um ein römisches Mosaik gehandelt haben, wäre es einem reicheren Wohnbereich zuzurechnen. Es hätte aber dann in der Spätzeit außerhalb des Wehrbereiches gelegen. Da der Mosaikfund nicht einwandfrei geklärt ist und auch die Mauer nur auf eine kurze Strecke freigelegt wurde, bleiben noch einige wichtige Fragen offen, die mit dem heutigen Wissensstand nicht beantwortet werden können. Die Forschung muß sich zwangsläufig mit dem zufrieden geben, was bruchstückhaft bisher zu Tage trat, und kann, wie in diesem Falle, nur nach Möglichkeiten – nicht nach endgültigen Antworten – suchen.

Es gibt sowohl zahlreiche, auch größere ummauerte Siedlungen, etwa Wimpfen oder Oberwinterthur, aus dem 4. Jahrhundert als auch bewehrte Höhensiedlungen im helvetischen und bayerischen Alpenvorland, die als Zufluchtstätten dienten. Die Mauerstärken bei diesen Siedlungen – auch den ummauerten vici – sind unterschiedlich; sie liegen zwischen 1,5 bis 3 Metern im Regelfalle.

Wenn Konstanz auch nicht mit den Höhensiedlungen zu vergleichen ist, wäre doch die Ausgangslage ähnlich. Im bayerischen Raum z. B. zog sich die Zivilbevölkerung nach den ersten Alamanneneinfällen auf Höhen zurück, befestigte diese und stellte Milizen zur Verteidigung auf. In nur wenigen Fällen erfolgte die Verteidigung durch reguläre Truppen. Während dort die Höhen zu einer Befestigung anregten, könnte es in Konstanz, das ja an keiner Überlandstraße lag und nur über einen Fähreübergang verfügte, die besondere Lage – Rhein, See und Sumpf – gewesen sein, die zu einer anderen Art von Befestigung führte, als die sonst am Hochrhein übliche. Ein ummauerter vicus wäre jedenfalls zum Schutz sowohl des Fähreübergangs wie der Zivilbevölkerung ausreichend gewesen. Insofern ist die von Erdmann geäußerte Vermutung nicht von der Hand zu weisen; sie hat jedenfalls mehr Wahrscheinlichkeit für sich als die bisher vertretene Kastellthese. Dies muß wohl bei künftigen Grabungen oder Funden berücksichtigt werden, ehe man automatisch jeden Befund wieder einem Kastell zuordnet. Gerade in Konstanz muß mit einer alternativen Möglichkeit gerechnet werden. Es muß dabei auch immer wieder in Erinnerung gerufen werden, daß ein Übergang über den Rhein bei Konstanz doch recht schwierig war und im Hinterland, an der großen Römerstraße, das Kastell Pfyn lag. Es galt also zwei Sperren zu überwinden. Ein Einbruch in die Verteidigungslinie im Bereich der Brücken mit Anschluß an gut ausgebaute Straßen war jedenfalls einfacher, müheloser und erfolgversprechender. Eine Gefahrenlage war zwar im 4. Jahrhundert auch für Konstanz gegeben, doch hatte sie nicht die Intensität wie bei den anderen Hochrheinorten. Blieb die Siedlung, wenngleich in reduzierter Form, erhalten, bietet sich der Gedanke für eine bewehrte Zivilsiedlung, einen ummauerten vicus an. Für eine solche Möglichkeit könnte die Mauer auf dem Münsterplatz ein Indiz sein, wenn sie denn römisch war.

Abschließend sei noch auf zwei weitere Befestigungsarten hingewiesen, die für Konstanz in Frage kommen können. So ist neben einem Militärlager und einem ummauerten vicus die Möglichkeit eines Großburgus mit

Hafenschutz[8] oder eine Kleinfestung, ein Centenarium, in Erwägung zu ziehen. Geht man davon aus, daß auch im ausgehenden 3. und 4. Jahrhundert der Warenverkehr über den See nicht völlig eingestellt war, zumal von den Alamannen auf dem See keine große Gefahr drohte, wäre an eine Hafenbefestigung zu denken. Solche Anlagen waren nicht selten. Darüber hinaus gibt es in diesem Zusammenhang eine weitere Überlegung, die allerdings mangels Belegen ausdrücklich als spekulativ bezeichnet werden muß. In der Notitia Dignitatum wird von einer Barkenflotte berichtet, die ihre Präfektur bei Bregenz hatte. Da nun am Seeufer zwischen Stein a. Rh. und Arbon die zur Überwachung der Grenze dienenden burgi fehlen, könnten Postenschiffe dieser Flotte gelegentlich das Ufer überwacht haben. Da dies Untersee wie Obersee betraf, wäre zumindest gedanklich nicht auszuschließen, daß ein Großburgus mit Hafenschutz eine Anlaufstelle für solche Schiffe war. Eine amphibische Operation der Alamannen über den See war zwar nicht zu befürchten, trotzdem ist es nicht denkbar, daß die lange Seegrenze ganz ohne Überwachung blieb. Allerdings waren solche Anlagen durch Soldaten besetzt und für eine Truppe fehlt bisher jeglicher Beweis. Rufen wir in Erinnerung: Diese Ausführungen zeigen nur eine weitere Möglichkeit, und es wurde eine Begründung angeboten, die allerdings beim heutigen Wissensstand noch nicht einmal zu einer Arbeitshypothese ausreicht. Doch auch eine solche Möglichkeit darf bei kommenden Grabungen nicht ohne Berücksichtigung bleiben. Ein Großburgus konnte sowohl auf dem östlichen Teil des Münsterhügels als auch in der Niederburg, im Bereich gegenüber der Dominikanerinsel gelegen haben.

Eine weitere Möglichkeit ist ein Kleinkastell, ein Centenarium. Auch solche Anlagen sind zahlreich. Es gibt zwar in der weiteren Umgebung von Konstanz oder überhaupt am Bodensee kein Beispiel dafür, wohl aber im bayerischen Voralpenland. Während ein Großburgus hier Zugang zum Wasser haben mußte, kann ein Centenarium auch am mittleren Münsterhügel oder im gesamten Niederburgbereich gelegen haben. Auch diese Anlagen waren von regulärem Militär belegt, für dessen Anwesenheit aber in Konstanz bisher nichts spricht.

Wenn auch für die beiden zuletzt aufgezeigten Möglichkeiten keinerlei Hinweise vorliegen, erscheint es doch notwendig, auch solche Anlagen in die Überlegungen einzubeziehen. Diese Überlegungen – das wurde bereits angedeutet – liegen mangels klarer Befunde noch unterhalb der Vermutungsschwelle.

Damit wurden nun die für Konstanz möglichen Befestigungsarten aufgezeigt, will man nicht davon ausgehen, daß Konstanz in spätrömischer Zeit überhaupt keine Befestigung hatte. Wenn dies, wie wiederholt aufgezeigt, auch unwahrscheinlich ist, waren doch die Untersuchungen, sowohl auf dem historischen wie archäologischen Felde hierzu unbefriedigend, da für keine der Möglichkeiten bislang wirklich handfeste Beweise erbracht werden konnten. Ziemlich eindeutig ist aber, daß das bisher angenommene Kastell aus den vielen angeführten Gründen weder als gesichert angesehen werden kann, noch die derzeitige Fundlage eine gut begründete Vermutung gestattet.

Die Karten, die ein Konstanzer Kastell ausweisen, und die weit verbreitete Tatsachenbehauptung über ein Militärlager in dieser Stadt können sich nicht auf Beweise stützen und ihre Weiterverbreitung dient lediglich einer Legende. (Auch der Eintrag eines Kastells auf einer Karte, der mit einem Fragezeichen versehen wird, wie dies neuerdings in einigen Publikationen und Museumsplänen geschehen ist, suggeriert ein Kastell und erscheint nach den vorliegenden Befunden unseriös.)

Wenn man alle Möglichkeiten noch einmal nüchtern Revue passieren läßt und die Befunde kritisch würdigt, könnte wohl ein ummauerter vicus die größte Wahrscheinlichkeit aufweisen, eine Wehranlage also, die durch eine heimische Miliz, nicht durch Grenztruppen oder gar eine reguläre Kohorte behütet wurde.

Der antike Name von Konstanz

Über verschiedene antike Quellen, so etwa die Tabula Peutingeriana, das Itinerar Antonini und Inschriftenfunde, sind folgende Orte am Bodensee und Hochrhein wie die meisten im unmittelbaren Hinterland vorhandenen römischen Siedlungen und Kastelle der valentinianischen Grenzsicherung identifiziert. Eine weitere wichtige Quelle ist die Notitia Dignitatum, soweit es um Truppenstandorte geht:

Brigantia (Bregenz), Arbor Felix (Arbon), Ad Fines (Pfyn), Tasgetium (Stein a. Rh.-Eschenz), Juliomagus (Schleitheim), Vitudurum (Oberwinterthur), Turicum (Zürich), Vindonissa (Windisch), Tenedo (Zurzach), Castrum Rauracense (Kaiseraugst), Augusta Raurica (Augst) und Basilia (Basel).

Nicht ganz geklärt ist, ob das bei Ammianus Marcellinus genannte Sanctio mit Säckingen gleichgesetzt werden kann. Ebenso nicht einwandfrei gesichert ist der Name des Kastells Irgenhausen. Der in der Nähe von Kempten festgestellte vicus trug den Namen Cambiodunum, doch ist damit noch nicht gesichert, daß auch das spätrömische Kastell denselben Namen trug. Nicht identifiziert ist auch der am Hochrhein oder in dessen unmittelbarem Hinterland vermutete Ort Forum Tiberii.

Im Gegensatz zu all diesen Orten wird Konstanz in keiner der antiken Quellen genannt, weder in der Literatur noch auf Straßenkarten, Inschriftsteinen oder in der so wichtigen Notitia Dignitatum. Die erste Namensnennung erfolgte durch den anonymen Geographen von Ravenna im 6. Jahrhundert. Der von ihm überlieferte Name Constantia, der in spätrömische Zeit weist, war bisher als antiker Name der Konstanzer Siedlung unumstritten, obwohl auch hier noch einige Fragen ungeklärt sind, so etwa, wann die Siedlung diesen Namen bekam, auf wen sich dieser Name bezieht und ob nicht die Siedlung im 1. bis Ende des 3. Jahrhunderts einen anderen Namen trug. Das Fehlen einer römischen Ortsbezeichnung in den antiken Quellen hängt wohl damit zusammen, daß die Siedlung an keiner der wichtigen Straßen lag und auch keine überregionale Bedeutung hatte. Dies läßt aber auch den Schluß zu, daß der Ort militärisch nicht besonders wichtig war. Jedenfalls hatte Konstanz zu römischer Zeit weit weniger Bedeutung als etwa Kempten, Bregenz, Eschenz oder Zurzach. Die spätere, außergewöhnliche Entwicklung der Stadt im Mittelalter, die mit der Errichtung des Bischofssitzes Ende des 6. Jahrhunderts begann, darf hier nicht zu falschen Schlüssen verleiten. »Man« wußte eben in der antiken Welt, so meinte Otto Feger, daß Constantia am Bodensee lag. Doch so war es nicht; so bedeutend war unsere Constantia nicht. Darüber hinaus gibt es eine ganze Anzahl von Siedlungen, die diesen Namen trugen. Die überhöhte Bedeutung, die man vor allem im 19. Jahrhundert dem antiken Konstanz zuschrieb, führte wohl auch dazu, daß man nicht nur ein Kastell hier vermutete, sondern sogar »ein bedeutendes Kastell«. Es mag dem geschichtsbewußten Bürger, der die große Vergangenheit seiner Stadt im Mittelalter kennt und mit dieser durch die archäologischen Arbeiten immer wieder konfrontiert wird, schwer sein, zu akzeptieren, daß die römische Vergangenheit vergleichsweise sehr bescheiden war.

Der vom Geographen von Ravenna genannte Name Constantia wurde bislang als römischer Name der Siedlung gewertet. Nun wurde vor einigen Jahren in zwei Standardwerken[1] als Tatsache festgestellt, daß das antike Konstanz Confluentes hieß, weshalb hier die Namensfrage aufgeworfen werden muß. Interessant ist bei dieser Aussage zweier namhafter Wissenschaftler, daß weder auf den Namen Constantia eingegangen, noch eine Begründung für die Gleichsetzung von Konstanz mit Confluentes gegeben wird. Ausgangspunkt dieser Behauptung ist wohl ein Eintrag in der Notitia Dignitatum, einem Staatshandbuch, das die Militär- und Verwaltungsstellen angibt, daß dem *dux Rhaetiae* ein *prefectus numeri barcariorum confluentibus sive brecantiae* unterstellt war[2]. Da man diesen Flottenstützpunkt bisher nicht lokalisieren konnte, wurde früher schon vereinzelt vermutet[3], daß Konstanz hierfür in Frage käme. Man ging davon aus, daß möglicherweise die Flotte zunächst in Konstanz und später in Bregenz stationiert war, Konstanz also mit dem in der Notitia Dignitatum genannten Ort identisch sei. Während es sich früher um vage Vermutungen handelte, wurde nun zuerst von H. J. Kellner diese Gleichsetzung als feststehend publiziert und auch als Belegungstruppe für Konstanz der *numerus barcariorum* verzeichnet. Philipp Filtzinger übernahm kritiklos diese Gleichsetzung, gibt aber die Art der Belegungstruppe als nicht bekannt an. Wer jedoch Confluentes sagt, muß auch die Flotte meinen, sonst wäre die antike Quelle nur unvollständig verwertet, gedanklich ist hier ein Bruch zu erkennen. Filtzinger rückte zwar in der nächsten Auflage des Werkes »Die Römer in Baden-Württemberg« von dieser Gleichsetzung ab, sie wird einfach nicht mehr erwähnt, doch ist diese Tatsachenbehauptung immerhin publiziert. Da keine Begründung für die Gleichsetzung von Confluentes = Konstanz gegeben wurde, ist auch nicht ersichtlich, wie Kellner, der dies ja zuerst publizierte, zu dieser Behauptung kam. Es gibt nicht nur keine Anhaltspunkte für eine solche Feststellung, auch nicht für eine Vermutung, denn es wurde schlicht eine falsche Interpretation des Ausdrucks »sive« gegeben. Sive (oder) steht für eine andere Bezeichnung derselben Sache und zeigt zwischen zwei Ortsbezeichnungen keine zeitlich folgende Verlegung der Flotte an, sondern sagt, daß diese in Confluentes oder Bregenz stationiert war. Dieses »oder« verbindet, d. h. man kann statt Confluentes auch Bregenz sagen. Confluentes muß bei Bregenz gelegen haben, worauf H. Lieb[4] bereits früher hingewiesen hatte, als er vermutete, Confluentes habe im östlichen Bodenseebekken gelegen. Die Notitia Dignitatum gibt zwar keinen Hinweis auf Konstanz, aber auch keinen Hinweis auf die Stationierung einer Teilstreitkraft der Barkenflotte in Arbon, wie neuerdings behauptet wurde[5].

Die Notitia Dignitatum gibt – manchmal für den östlichen und westlichen Reichsteil zeitlich etwas verschieden – u. a. die Truppenverteilung zur Zeit Valentinians I., teilweise erst die unter Theodosius und Arcadius wieder. Geht der Name Constantia auf das 4. Jahrhundert zurück, was angenommen werden darf, ist es zunächst unerheblich, auf welchen Kaiser die Namensnennung sich bezieht, doch scheint es undenkbar, daß ein personenbezogener Name später wieder in einen allgemeinen geographischen Begriff, wie es Confluentes (Zusammenfluß) darstellt, umgewandelt wurde. Nur wenige Jahre nach der Constantia-Benennung, nimmt man diese um die Mitte des 4. Jahrhunderts an, wäre diese Namensumwandlung in einer späteren Aktualisierung der Notitia Dignitatum vermerkt worden, wie dies auch bei anderen Namen und Orten geschah. Ganz davon abgesehen, daß es keinen Beleg für eine solche Namensumwandlung gibt, ist hier auch nicht die sonst übliche Umwandlung des Namens Confluentes in Koblenz erfolgt, wie dies bei Koblenz am Zusammenfluß von Rhein und Mosel oder bei Koblenz am Zusammenfluß von Aare und Hochrhein geschehen ist. Darüber hinaus kommt man eben an

»sive« und seiner Bedeutung nicht vorbei, zumal in der Notitia Dignitatum Truppenverlegungen korrekt mit »nunc« (stationiert in A., nunc – jetzt – in B.) gekennzeichnet wurden, so etwa in der Provinz Valeria. Zwar wurde im vorhergehenden Kapitel die Möglichkeit angedeutet, daß die Barkenflotte möglicherweise den Hafen von Konstanz nutzte, doch wäre dies immer noch kein Indiz, daß sich hier auch zeitweilig die Präfektur der Flotte befand. Man wird also für die Spätantike vom Namen Constantia ausgehen müssen, während man sich um die Lokalisierung von Confluentes weiter bemühen muß. Alle anderen Deutungsversuche nähern sich der Spekulation. Hinzu kommt, daß bei der Lage im 4. Jahrhundert die Kommandozentrale des numerus barcariorum im östlichen Bodenseebecken auch besser plaziert war wie etwa in Konstanz. Die ganze Auseinandersetzung über die Namensfrage zeigt aber, wie großzügig teilweise heute Tatsachenbehauptungen ohne jegliche Begründung aufgestellt werden und zur wissenschaftlichen Auseinandersetzung zwingen, ohne daß hier auch nur ein Grund für eine solche Kontroverse erkennbar wird. Es gab keinen Anlaß, keine neuen Erkenntnisse, die zur Aufwerfung der Namensfrage für Konstanz sprachen.

Während Feger[6] einen Namensbezug zum Caesar Constantius Chlorus, dem Vater Constantins I., herstellt, da dieser die Alamannen bei Windisch geschlagen hatte, geht man überwiegend davon aus, daß die Ortsbenennung mit Constantius II. (337–361) in Verbindung steht. Obwohl es keine gesicherten Hinweise auf den Namensbezug gibt, kann eine Namensverbindung mit Constantius II. doch besser begründet werden. Während Constantius Chlorus weitab von Konstanz und dem Bodensee seinen Sieg errang, führte Constantius II. am Bodensee einen Feldzug gegen die Lentienser. Dieser Feldzug des Jahres 355 mag in irgendeiner Form den Raum Konstanz betroffen haben. Ammianus Marcellinus überliefert, daß Constantius II. nach diesem Sieg über die Alamannen »ouans et laetus« (triumphierend und frohgemut) nach Mailand zurückgekehrt sei. Leider kann aus der Schilderung des Ammian der Marschweg der Truppen am Bodensee nicht eindeutig erschlossen werden. Es wird von einem schweren alamannischen Überfall und dichten Wäldern gesprochen – nicht aber von einem Flußübergang, was möglicherweise auf einen Marsch entlang des Nordufers des Sees hinweisen könnte. Schlachtorte, ja selbst die Ausgangsbasis des Feldzuges des Kaisers sind nicht zu lokalisieren. So bleibt eben auch offen, ob überhaupt Konstanz bei diesem Feldzug eine Rolle spielte. Auf Constantius II., den man über diesen Feldzug mit Konstanz in Verbindung bringt, gehen noch weitere Constantia-Ortsnamen zurück, wobei allerdings auch dort nicht gesichert ist, daß er je dort weilte. So in Pannonien, im heutigen Ungarn, Contra Constantia (Felsegöd), Castrum Constantia (Szentendre), Augusta flavianense Constantia (Kovin), um nur einige Orte zu nennen. Auch in Frankreich gab es einen Ort, der den Namen Constantia trug, das heutige Coutance. Ohne Erschließung neuer Quellen wird man wohl den Namensbezug nicht endgültig klären können. Es darf jedoch weiter begründet angenommen werden, daß die Constantia-Benennung des Ortes eine Verbindung zur konstantinischen Herrscherdynastie herstellt. Wie bereits angedeutet, ist damit nicht eine zeitweilige Anwesenheit eines Herrschers verbunden. Auch kann über die Namensgebung nicht der Schluß gezogen werden, daß es sich hier um eine bedeutende Siedlung gehandelt habe, denn gerade einige Orte dieses Namens in Pannonien zeigen, daß der Name nicht nur bedeutenden Orten verliehen wurde.

Der vom Geographen von Ravenna überlieferte Name gibt einen Hinweis auf das 4. Jahrhundert, und es darf angenommen werden, daß der Schreiber diesen Namen älteren Quellen entnahm. Geht man nun davon aus, daß der Name Constantia also erst im frühen Mittelalter erstmalig genannt wurde und dies nicht unbedingt beweise, daß Constantia wirklich der römische Name der Siedlung gewesen ist[7], müßte man zumindest erklären, warum denn ausgerechnet Alamannen oder Franken dem Ort einen neuen Namen gaben, der doch zweifelsfrei in römische Zeit weist. Es wäre wohl das erste Mal, daß Germanen einem römischen Ort einen neuen römischen Namen gegeben hätten und nicht eine Bezeichnung, die ihnen geläufiger war. Es lag doch kein Grund vor, der Ansiedlung, die ja einen römischen oder romanisierten Namen gehabt haben muß, einen neuen römischen Namen zu geben. Es ist geradezu grotesk, welche abenteuerlichen Vermutungen von namhaften Wissenschaftlern ohne eine eingehende Begründung in die Literatur über Konstanz eingeflossen sind.

Durch die genannten Publikationen ist die Namensfrage von Konstanz wieder in die Diskussion geraten. Hierbei muß nun allerdings auf einen

Aspekt eingegangen werden, dem in der bisherigen Forschung über Konstanz kaum Beachtung geschenkt wurde. Weist Constantia in das 4. Jahrhundert, also in die Spätantike, muß die Siedlung, die ja seit dem 1. Jahrhundert bestand, vorher einen anderen Namen getragen haben. Constantia kann also nicht der erste Name gewesen sein. Bei der Suche nach diesem ersten Namen stößt man auf unüberwindliche Schwierigkeiten, da es völlig an Quellen fehlt. Nach den heutigen Erkenntnissen ist es ja nicht einmal sicher, ob eine keltische Siedlung bis zur römischen Zeit fortbestand und so die Möglichkeit gegeben ist, daß ein keltischer Siedlungsname weiterbestand oder romanisiert worden ist. Es könnte also ein keltischer Name für die Siedlung gebräuchlich gewesen sein, doch ist eine römische Neubenennung auch nicht auszuschließen. So ist die erste Ortsbezeichnung, die ja vom 1. bis 3. Jahrhundert in Gebrauch gewesen sein muß, für die Stadtgeschichte von erheblicher Bedeutung.

Beyerle[8] nimmt in einer Untersuchung zu diesem Thema Bezug auf einen alten Inschriftenstein, der früher in der Mauritiusrotunde des Konstanzer Münsters eingemauert war. So verdienstvoll es war, daß sich Beyerle als Einziger dieser Frage einmal angenommen hat, so stark hat er sich auf eine Gedankenkonstruktion festgelegt, die nicht weiterführen konnte, da sie auf einer falschen Ausgangsbasis beruhte. Der von ihm genannte Inschriftenstein weist aus, daß die Kaiser Diocletian und Maximian zusammen mit den Caesaren Constantius (Constantius Chlorus) und Galerius die Mauer um Vitudurum unter Leitung des Provinzstatthalters Aurelius Proculus von Grund auf neu bauen ließen. Beyerle unterstellte, daß dieser Stein aus Konstanz stammt, und brachte die Inschrift mit einem Kastellneubau unter Kaiser Diocletian in Verbindung. Er versuchte nachzuweisen, daß das auf dem Stein genannte Vitudurum sowohl der römische Name für Konstanz wie für Oberwinterthur gewesen ist. In der kurzen Entfernung der beiden Orte sah er keinen Hinderungsgrund für eine gleiche Namensgebung. Beyerle leitete Vitudurum aus dem Keltischen ab (vitu = Bau, Holz und dur = fest = Befestigung). So entstand im Hinblick auf diese »Gründungsurkunde« auch später die Meinung, die auch in einige Publikationen Eingang fand, daß unter Diocletian hier ein Kastell erbaut worden war. Da Beyerle gleichzeitig unterstellte, daß der auf dem Stein genannte Caesar Constantius Chlorus diesen Bau im Jahre 292 veranlaßt hat, war für ihn auch der Namensgeber für Constantia festgestellt. Diese Beweisführung ist sowohl hinsichtlich des ersten Namens der Siedlung wie des Baus eines diocletianischen Kastells als spekulativ anzusehen, denn die benützte antike Quelle, der Inschriftenstein, hatte mit Konstanz nichts zu tun. Der Stein befindet sich heute wieder in Oberwinterthur, wo er auch ursprünglich herkam. Maurer[9] hat denn auch die durchaus begründete These vertreten, daß die Inschrift wohl von Bischof Konrad oder einem seiner unmittelbaren Nachfolger erst nach Konstanz verbracht worden war, um möglicherweise mit der Anbringung der Inschrift und deren Einfügung in das Mauerwerk der Mauritiusrotunde im Münster »Alter und Würde der civitas Constantia aller Welt sichtbar vor Augen zu führen.« Der Schaffhauser Archivar Lieb schließt so auch aus der Wegmeißelung der rechten Inschriftenseite, daß der Name Constantius auf dem Stein in die Mitte gerückt werden sollte, und der Stein überhaupt nur wegen dieses Namens nach Konstanz verbracht worden sei. Die Bedeutung des Bischofssitzes sollte hervorgehoben werden. Maurer kam damit unabhängig von Lieb zu demselben Schluß. Da man ohnehin Constantius Chlorus als Namensgeber für den Ort ansah, hatte man hier wieder einmal einen »Beweis«. Sicher ist nur, daß der Inschriftstein nicht aus Konstanz stammt und mit der römischen Siedlung hier nicht in Verbindung gebracht werden kann. Damit entfällt für Beyerles These die Ausgangsbasis. Trotzdem soll Beyerles Verdienst, diese Frage wieder einmal aufgeworfen zu haben, nicht geschmälert werden. Vor ihm hatte nur einmal indirekt im 17. Jahrhundert Pater Bucelin auf diese Frage hingewiesen. Er nahm Bezug auf den ägyptischen Mathematiker Claudius Ptolomäus, der im 2. Jahrhundert eine Landaufnahme und Landkarten angefertigt hat. Unter dem Abschnitt »Helvetien« sind darin u. a. die Orte Gannodurum und das bereits genannte Forum Tiberii verzeichnet. Bucelin glaubte nun, in dem genannten Gannodurum Konstanz zu erkennen. Damit hatte er indirekt, ohne näher auf die Frage einzugehen, auf einen zweiten Namen für Konstanz hingewiesen. Leider gibt es auch für diese Annahme keinen Beleg und auch keine stichhaltige Begründung.

Als Fazit bleibt eine begründete Annahme, die mit einer hohen Wahrscheinlichkeit vertreten werden darf, daß der spätantike Name für Konstanz Constantia war. Gleichzeitig muß aber eingestanden werden, daß sich der erste Name der Niederlassung der Forschung bisher entzogen hat und auch kein Ansatzpunkt für eine Arbeitshypothese gefunden werden konnte. Sicher wird man Beyerle zustimmen müssen, daß wohl zunächst ein romanisierter Keltenname Verwendung fand, doch ist sein Hinweis auf Vitudurum nicht schlüssig. Es mag erstaunen, daß eine nachmals so bedeutende Stadt Schwierigkeiten mit dem Nachweis ihres Namens hat, denn wenn auch Constantia, von dem der heutige Name Konstanz abgeleitet ist, in das 4. Jahrhundert weist, fehlt der letzte Beweis für den Namensgeber, und vorher muß das römische Konstanz über drei Jahrhunderte namenlos bleiben. Nur die zufällige Erschließung neuer Quellen könnte diese Lücke noch schließen.

Nachwort

Dem heutigen Wissensstand entsprechend wurde versucht, die Fakten über das römische Konstanz wieder in klaren Konturen erkennen zu lassen. Vieles war durch Phantasie, Fehlbeurteilung und auch Spekulation überdeckt. Zugegeben muß werden, daß trotzdem manche phantasievolle Unterstellung einmal zur Realität, d. h. nachgewiesen wurde. So war Otto Fegers Aussage, Konstanz gehe auf eine keltische Fischer- und Fährleutesiedlung zurück zum Zeitpunkt der Abfassung seiner »Geschichte des Bodenseeraumes« in keiner Weise gesichert. Es war eine Vermutung, die so nicht dem damaligen Wissensstand entsprach. Erst viel später, durch die Ausgrabungen in der Brückengasse, konnte eine spätkeltische Siedlung erschlossen werden. Dies spricht nicht gegen die hier immer wieder vertretene Meinung, man solle Belege sprechen lassen und den heutigen Wissensstand vertreten. Daß dieses zeitlich begrenzte Wissen einmal überholt werden kann, ist selbstverständlich. Jede Zeit hat ihren Wissensstand. Macht man aber Vermutungen nicht kenntlich und gibt sie als Tatsachen wieder, kann eben auch – und das Beispiel Konstanz zeigt dies deutlich – ein falsches Bild entstehen und sich festsetzen. Das römische Konstanz ist noch lange nicht wirklich und zur Gänze erforscht, Überraschungen sind dabei immer möglich. Dies ist auch nicht das Entscheidende. Es sollte nur nicht wieder der heutige Wissensstand durch neue Spekulationen überdeckt werden. Auf dem heutigen Erkenntnisstand ist weiter aufzubauen, nüchtern und mit Belegen. Hierbei fällt auch der Presse, die gerade bei solchen Fragen oft meinungsbildend ist, eine besondere Verantwortung zu – auch wenn ihr nur zu oft eine knallige oder sensationelle Überschrift »pressewirksamer« erscheint. So waren Mitteilungen in der örtlichen Presse der letzten Jahre mehr auf Sensation, als auf Sachaussage abgestellt. Die verbreitete Meinung, man habe am Hertie-Parkhaus einen Beleg für eine römische Bebauung bis etwa zum Rathaus gefunden, ist ebenso falsch wie die Meldung, daß in der Katzgasse römische Bebauungsspuren gesichert werden konnten. Leider hat man auch voreilig über Münzfunde dort auf eine Besiedlung geschlossen und dies auch in einem Fachorgan publiziert, nimmt aber heute an, daß diese Münzen vom Münsterhügel stammen und über Auffüllmaterial in die Katzgasse kamen. Diese voreiligen Meldungen führen nur zu einem Verwirrspiel, zumal dem interessierten Bürger nicht immer alle Publikationen zur Verfügung stehen. Auch Hinweise des Landesdenkmalamtes auf einen Militärbereich bis in die Niederburg hinein, können bis heute nicht belegt werden. Man sollte gerade von einem geachteten Amt verlangen, daß vorsichtiger gewertet und belegt wird. Nach den vielen Vermutungen und irrigen Tatsachenbehauptungen sollte man sorgfältiger mit der Geschichte umgehen. So ist auch die Aussage in »Die Geschichte der Stadt Konstanz«, Bd. I, 1989, daß hier möglicherweise eine germanische Grenzmiliz in römischen Diensten heimisch geworden sein könnte, reine Spekulation. Die Spekulationen gehen also auf hohem Level weiter. Auch bei einem ummauerten vicus, der kein ausgesprochener Militärbezirk sein muß, ist die Stationierung einer Truppe nicht obligatorisch, wie andernorts abzulesen ist. Das Landesdenkmalamt sollte in einer so wichtigen Frage nicht weiter spekulieren, sondern solide Belege vorweisen – nur dies wird uns weiterbringen in der Erforschung der römischen Vergangenheit dieser Stadt.

Die Münzliste aus Konstanz
(Stand 1982)

1	Cäsar und Augustus	RIC 43 40–28 v. Chr.	As	Vic
2	Tiberius f. Agrippa	RIC 32 23–32 n. Chr.	As	Rom
3	Caligula	RIC 30 37–41 n. Chr.	As	Rom
4	Nero	– 63–68 n. Chr.	ME	–
5	Galba	RIC 163 69 n. Chr.	As	Lug ?
6	Domitian	RIC 390 90–91 n. Chr.	S	Rom
7	Nerva	– 96–98 n. Chr.	S	–
8	Trajan	– 98–117 n. Chr.	S	–
9	Trajan	– 98–117 n. Chr.	S	–
10	Hadrian	RIC 595 ? 117–138 n. Chr.	S	Rom
11	Hadrian für Sabina	RIC 1019 ? 128–138 n. Chr.	S	Rom
12	Hadrian ?	– 117–138 n. Chr.	As	–
13	Antoninus Pius	– 138–161 n. Chr.	D	–
14	Faustina	– unbest.	?	–
15	Marc Aurel f. Verus	RIC 1404 ? 163–164 n. Chr.	As	Rom ?

16	Marc Aurel	– 161–180 n. Chr.	–	–
17	unbek. Münze	keine Bestimmung		
18	unbek. Münze	keine Bestimmung 2. Hälfte 2. Jahrh.		
19	Septimius Severus f. Julia Domna	RIC 210/211 196–211 n. Chr.	As	Rom ?
20	Caracalla	RIC 285 C 217 n. Chr.	An	Rom
21	Maximinus Thrax	keine Bestimmung 235–238 n. Chr.		
22	Victorinus	RIC 118 268–270 n. Chr.	An	Col ?
23	Claudius II.	RIC 14 F 268–270 n. Chr.	An	Rom
24	Claudius II.	RIC 54 K 268–270 n. Chr.	An	Rom
25	Claudius II.	RIC 171 270 n. Chr.	An	Med
26	Claudius II.	RIC 44 268–270 n. Chr.	An	–
27	Divus Claudius II.	RIC 261 K 270 n. Chr.	An	Med?
28	Probus	RIC 329 ? 276–280 n. Chr.	An	Tic
29	Diocletian	keine Bestimmung		
30	Maximianus Herc.	keine Bestimmung	Fol	–
31	Maximianus Herc.	C 179 296–305 n. Chr.	Fol	Tre
32	Licinius	C 161 308–317 n. Chr.	Fol	–
33	Constantin I.	C 530 313–317 n. Chr.	Fol	Tre

34 Constantin I.	C 204 337 n. Chr.	Fol	–
35 Constantin I.	keine Bestimmung		
36 Constantin-Söhne	keine Bestimmung		
37 Constantin f. Helena	C 4 um 317 n. Chr.	Fol	–
38 Constantin I.	C 176 337 n. Chr.	Fol	–
39 Constantius II.	C 44 346–355 n. Chr.	Mai	–
40 Constantius II.	C 44 346–355 n. Chr.	Mai	–
41 Constantius II.	C 45 346–355 n. Chr.	Cen	Aqu
42 Constantius II.	keine Bestimmung	Cen	
43 Magnentius	keine Bestimmung	Mai	–
44 Julian	C 38	–	–
45 Julian	C 151 361–363 n. Chr.	–	Lug ?
46 Valentinian I.	RIC 66, 16a 367–375 n. Chr.	Cen	–
47 Valentinian I.	keine Bestimmung		
48 Valentinian I.	RIC IX 93 364–365 n. Chr.	Cen	Aqu
49 Gratian	RIC 20c 378–383 n. Chr.	Cen	Lug
50 Gratian	RIC 30a 378–383 n. Chr.	Mai	Aqu

Bronze- und Eisenfunde

Gegenstand	Fundort	Zeit	Verbleib
Buckelscheibe, verziert durch Haken mit Halbmond verbunden Bronze, getrieben	Rauenegg	4. Jh.	Rosgarten-museum
Zwiebelkopffibel 6 Kreispunzen und Bügelansatz Bronze	Stephans-platz	4. Jh.	Rosgarten-museum
Schlüssel Bronze	St. Johann	–	verschollen
Schlüssel mit mäander-artigem Bart Bronze	Münster-platz	–	
Gürtelschließe, Fragment mit 2 halbmondförmigen Durchbrechungen Bronze	Münster-platz	4. Jh. ?	
Zierknopffragment, konisches Hütchen auf einem Stift Bronze	Münster-platz	4. Jh. ?	
Pinzette Bronze	Münster-platz	–	
Sichelmesser Eisen	Niederburg	–	
Sichelmesser Eisen	Niederburg	–	
Sichelmesser Eisen	Peters-hausen	–	verschollen
Sichelmesser Eisen	Peters-hausen	–	verschollen
Sichelmesser Eisen	Niederburg	–	

Sichelmesser Eisen	Woll- matingen	–	verschollen
Schafschere Eisen	Konstanz	–	
Messerklinge Eisen	St. Johann	–	
Fibel, spätlatène- zeitl. Tradition Bronze	Obere Laube 19	1. Jh.	
Schreibgriffel verziert Bronze	Kloster Peters- hausen	–	verschollen
Lanzenspitze Eisen	Hofhalde- aufstieg	–	verschollen
Dolchknauf, Material nicht bekannt, Kupfer?		–	verschollen
Merkur, fehlende Füße Bronze	Niederburg	–	Rosgartenmuseum
Venus, ohne Kopf Bronze	Münsterplatz	–	Rosgartenmuseum
Hermaphrodit? Bronze	Niederburg	–	Rosgartenmuseum
Hermaphrodit? Bronze	St. Johann	–	Rosgartenmuseum
Pfeilspitze Bronze	St. Johann	–	Rosgartenmuseum
Pfeilspitze Bronze	St. Johann	–	Rosgartenmuseum
Lanzenblatt	Hussenstraße	–	Rosgartenmuseum
Hufeisen Eisen	St. Johann	–	Rosgartenmuseum
Lot Eisen	Niederburg	–	Rosgartenmuseum

Fundliste der Gläser

Gegenstand	Fundort	Zeit	Verbleib
Becherfuß	St. Johann	–	verschollen
Krugfragment	St. Johann	–	Museumsbestand
Krugfragment, Unterteil	St. Johann	–	Museumsbestand
Glasperle	Damm (Rheingasse?)	–	verschollen
9 Glasfragmente	Damm (Rheingasse?)	–	verschollen
Flaschenhals	Münsterplatz	2. Jh.	Museumsbestand
Henkelflasche, Oberteil	St. Johann	1. Jh.	Museumsbestand
Balsamfläschchen, blaues Glas, konischer Hals	Konstanz	2. Jh.	Museumsbestand
Bruchstück mit drei Buckeln	Stephansplatz	–	Museumsbestand Rö 90
26 Gefäßscherben, teilweise mit Warzen	St. Johann	–	verschollen
30 glatte Scherben	St. Johann	–	verschollen
9 ornamentierte Scherben	St. Johann	–	Museumsbestand
Kanne mit Glasfadenverzierung am schlanken Hals, hoch	Wessenbergstraße 6	–	Museumsbestand

Verschiedene Funde

Gegenstand	Fundort	Verbleib
Knochenflöte	St. Johann	unbekannt
Gemme, Karneol? bärtiger Kopf	Hussenstraße	Rosgartenmuseum

Lampe, hohe Form Handgriff	Rauenegg	Rosgarten- museum
Frauenfigur, Fragment Ton	St. Johann	unbekannt
Frauenfigur, Fragment 4,5 cm, Ton	Vincentius- krankenhaus	unbekannt
Knabe, sitzend 4,5 cm, Ton	Wall im Bruel	unbekannt
Knabe, stehend, Füße fehlen 7,5 cm, Ton	Vincentius- krankenhaus	unbekannt
Kopf von einem Tongefäß 6,5 cm, röm.?	Hauptpost	unbekannt
Kopf von einem Tongefäß 7 cm, röm.?	Hauptpost	unbekannt
Frauenfigur, Fragment 7 cm, Ton, röm.?	Frauenpfahl, Konstanzer Trichter	unbekannt
Rumpf eines Schafes, vollrunde Plastik 7 cm, Ton	Münsterplatz	unbekannt
Gigantenkopf einer Jupitersäule, Stein	Kloster Petershausen	Rosgarten- museum
Baufragment, Palmetten- ornament, 6,5 cm hoch, Stein, röm.?	Vincentius- krankenhaus	Rosgarten- museum
Baufragment, profiliert, 25 cm hoch, Stein, röm.?	St. Johanngasse 1	unbekannt
Estrichteil	St. Johann	Rosgarten- museum
Estrichteil mit Tonplattenbelag	St. Johann	Rosgarten- museum
Estrichteil	Münsterplatz	Rosgarten- museum
Teile eines farbigen Wandverputzes	Wollmatingen (röm. Gutshof)	Rosgarten- museum

144

Ausgrabungsberichte zur Kastellfrage

Erster Bericht von P. Revellio aus dem Stadtarchiv Konstanz Grabungen auf dem Münsterplatz vom 10.–15. Juni 1931

In den Pfingstferien habe ich die Untersuchung des oberen Münsterplatzes vorgenommen. Durch die Beck'schen Grabungen und die von ihnen stammenden Erdhäufen war leider die Möglichkeit der Anlage neuer Gräber stark beengt. So wurden, um Zeit und Kosten zu sparen und unnötige Erdbewegungen nach Möglichkeit zu verhindern, die Beck'schen Löcher zur Anlage neuer Schnitte verwendet mit dem Ziel, Klarheit über die durch die Beck'schen Grabungen aufgetauchten Fragen zu gewinnen: Zeitstellung und Charakter des sogenannten Spitzgrabens, der beiden in dem Beck'schen Schnitt freigelegten Mauern und der sie verbindenden Schuttschicht. Es konnte zunächst einmal festgestellt werden, daß das gesamte Hofhaldeplateau, soweit es bis jetzt durchgraben wurde, über die zerstörten Mauern hinweg mit einer meterdicken Schicht aus Molassesand aufgefüllt und nach Süden erweitert wurde. Im Zusammenhang damit muß die jetzige Hofhaldemauer errichtet worden sein. Über den Zeitpunkt, nach welchem das geschehen sein muß, geben zwei Ofenkachelfragmente Auskunft, die in 3 bzw. nahezu 4 m Tiefe in Schnitt 4 gefunden wurden. Sie zeigen ein Muster, das frühestens dem 16. Jahrhundert angehört.

Wie die sie verbindende Schuttschicht zeigt, gehörten die beiden von Beck freigelegten Mauern (II und III) zu einem Gebäude, von dessen Zerstörung die Schuttschicht stammt; da in dieser Schuttschicht mittelalterliche oder noch spätere glasierte Münsterdachziegel gefunden wurden, so gehört das Gebäude und seine Zerstörung in mittelalterliche oder nachmittelalterliche Zeit. Von der Zerstörung des Gebäudes erzählte der Befund in Schnitt 4: Dort war die hintere Mauer (III) in zwei Stücke auseinandergerissen und teilweise geneigt. Da aber die beiden Brückstücke in ihrem Verbande durchaus intakt waren, so machten sie den Eindruck, wie wenn sie gesprengt worden wären. Unter dem Bruchstück lag die oben genannte Ofenkachel, damit die Zerstörung datierend.

Eine wichtige Frage war die nach dem Charakter des von Beck angeschnittenen sogenannten Spitzgrabens. Gehörte er wirklich zu einem römischen Kastell? In dem von mir angelegten Graben I erwies sich dieser Graben als ein Graben von 1,80 m breiter Sohle. Solche Profile gibt es bei römischen Befestigungsanlagen gewöhnlich nicht. An der nördlichen Böschung des Grabens lag mit seinem oberen Ende noch unter dem Fundament der Mauer III eine 1,28 m lange römische Säule, offenbar der Fuß eines römischen Kellertisches aus Stein. Die Füllung der Mulde enthielt römische Scherben, so daß man vermuten möchte, daß die Mulde eine römische Kellergrube war. Als diese sich bereits wieder aufgefüllt hatte, wurde in mittelalterlicher Zeit die hintere Mauer III errichtet und zwar setzte man das Fundament halb auf die nördliche Böschung der Mulde, halb auf ihre Füllung. Von der hier liegenden Säule hatte man keine Ahnung mehr.

Auch in Schnitt 3 fand sich vor der hinteren Mauer kein Spitzgraben, sondern eine runde Kalkgrube mit frührömischen Scherben. Auch ein bronzener römischer Schreibgriffel fand sich in unserer Grube.

Da aber das ursprüngliche Niveau des Münsterhügels bis zum Nordende unserer Grabungen immer noch ansteigt, so bestünde die Möglichkeit, daß ein römischer Kastellgraben sich noch weiter nördlich befinden könnte, da diese Gräben meistens erst auf dem Rande der Höhen angelegt wurden. In Schnitt 3 fand sich auch eine nach Norden senkende Böschung, die nicht weiter verfolgt werden konnte, da sie unter dem Weg lag. Es wird deshalb zum Abschluß der Untersuchung gut sein, wenn noch weiter nach Norden ein Suchgraben vorgetrieben werden kann über den Weg hinweg in der Richtung nach der Mariensäule, damit hier noch Klarheit geschaffen werden kann.

Bis jetzt sind zwar *zahlreiche Spuren, die auf eine zivile römische Siedlung hinweisen, gefunden. Von einer militärischen Anlage war mit Sicherheit bis jetzt noch nichts nachzuweisen.*

Über die Grabungen wurden sorgfältige Pläne und Profilaufnahmen von Herrn Regierungsbaumeister Motz angefertigt. Aufgrund von diesen ist auch in späterer Zeit eine Fortsetzung der Grabung möglich.

gez. Dr. Paul Revellio

Ausgrabungen auf dem oberen Münsterhof in Konstanz April–Juni 1931

Paul Motz, Regierungsbaumeister
Konstanz, 25. Juli 1931

Erläuterungen zu den Aufnahmen und Plänen:

1. Lageplan 1:100
2. Schnitte durch die Suchgräben 1:50
3. Aufnahme der gefundenen Säule 1:5 u. nat. Gr.
4. Pause der Aufnahme von F. Hirsch vom Jahre 1897
5. Pause eines Planes im Generallandesarchiv Karlsruhe den Zustand des Platzes um etwa 1820–1830 darstellend.

Durch die Grabungen wurden drei nicht ganz parallellaufende zum größten Teil aus Wacken bestehende Mauern festgestellt. Sie sind im Plan I, II, III bezeichnet. *Die Mauer I* begrenzt den oberen Münsterhof nach der tiefer liegenden Hofhalde. Ihr Fundament reicht etwa 1,40 m unter die Straßenhöhe der Hofhalde (Schnitt C-C). Auf der Außenseite war sie, wohl wegen Schadhaftigkeit der Oberfläche, mit einer Vormauerung ausgebessert. Material der Mauer: Wacken, Bruchsteine und Ziegelstücke vereinzelt. Die Innenseite der Mauer ist sorgfältiger gearbeitet, die Wacken sind regelmäßiger und größer als außen, Schichthöhe bis zu 20 cm. Auf etwa 1,10 m Höhe scheint die Mauer einen Absatz zu haben, entweder als Fundament oder als älterer Mauerteil zu deuten. Die Fugen sind nicht ausgestrichen, wenigstens kann dies auf der Innenseite nicht mehr festgestellt werden. Auf der Innenseite sind auch keine Bruchsteinstücke und Ziegelbrocken festzustellen, was darauf schließen läßt, daß der außen sichtbare Kern der Mauer mit weniger Sorgfalt als die Außenfläche vermauert wurde. Im Innern sind die Steine mit sehr viel Weißkalkmörtel vermauert. Tuffsteine sind ebenfalls vorhanden.

Die ostwärts anschließende Mauer beim Knick, schließt sich mit einer deutlich sichtbaren Fuge und mit Sandsteineckquadern an. Sie enthält mehr Bruchsteine als Wacken, ist also wohl später zu setzen.

Mauer II wurde an zwei Stellen angeschnitten. Im Graben C-C wurde sie bis zu den Fundamenten bloßgelegt. Auf der Außenseite reicht sie nicht ganz so tief wie die Mauer I. Sie besteht aus Wacken, die besonders im untersten Teil sorgfältig und regelmäßig gesetzt sind. Die Fugen sind mit Mörtel glatt ausgestrichen. Die Wacken des unten schräg anlaufenden Fundaments sind größer. Auf der Innenseite wurde in der Höhe des gewachsenen Bodens (gelber lehmhaltiger Sand) ein Absatz gefunden und zwei Schichten tiefer ein Rücksprung, der auf etwa 40 cm verfolgt wurde, ohne die äußere Mauer zu finden. Entweder handelt es sich um die Fundamentsohle einer später aufgesetzten Mauer oder um eine Mauernische, auf die man zufällig traf.

Die Mauer ist rd. 1,08 m stark. Fundamentvorsprung 15 cm. Die Innenseite entspricht dem oberen Teil der Außenseite und ist nicht so glatt verfugt wie der untere Teil der Außenseite.

Im Graben E-E wurde die Mauer wieder gefunden, der Graben reicht bis auf das Sohlenmauerwerk. Auf der Ostseite scheint die Mauer, soweit ohne weitere Grabung festzustellen ist, aufzuhören. Ob es sich um einen Abbruch handelt, ist nicht festzustellen. An der Westseite der Grabenwand ist in der Mauer eine Nische oder Öffnung. Dieser Graben stößt nach der Hofhalde zu auf die Mauer eines kleinen gewölbten Kellers (Backsteingewölbe, Stichbogenform). Diese Mauer aus Bruchsteinen (Sandstein) enthält im oberen Teil spätgotische Architekturstücke (Blattkapitell mit Rot und Gold, Maßwerkstücke). Mauerverband ganz unregelmäßig und mit Mörtel bestochen. Diese Mauer des Gewölbes lag also nach innen (Norden) einmal frei. Hier ist auch nur Auffüllmaterial gefunden worden, das sich in der Schichtung ganz deutlich an der Mauer abgezeichnet hat. Es muß angenommen werden, daß die Mauer II, die mit der Oberkante etwa 1,50 m unter dem heutigen Gelände liegt, abgebrochen und das Gelände aufgefüllt wurde als die Kellermauer bereits stand und die Begrenzung eines Raumes der nordwärts lag bildete. Die Sohle des Grabens E-E auf der Nordseite der Mauer besteht aus einer harten schwarzen Schicht.

Mauer III konnte an vier Stellen und vermutlich noch weiter östlich in einem tiefen Loch, das wegen der Bäume nicht weiter verfolgt werden konnte, festgestellt werden. Die Mauer aus Wacken, Schichthöhe rd. 15 cm entspricht etwa der Mauer II, auch in der Stärke von rd. 1,10 m. Die Mauer wurde an vier Stellen bis zur Sohle freigelegt. Sie hat einen allerdings unregelmäßig hohen Sockelvorsprung von 10 cm Breite. Die beiden östlichen Anschnitte dürften einer Mauer angehören, die wohl in der Verlängerung geführt wurde, die aber tiefer reicht. Sie ist hier auch 5 cm weniger stark. Der Sockelvorsprung fehlt an der Mauer im Grabenschnitt A-A. Bei den beiden westlichen Anschnitten wurde nun in den gewachsenen gelben lehmigen Sandboden eingeschnitten ein Graben gefunden, der identisch sein könnte mit dem im Jahre 1897 am Aufgang zum Münsterhof an dem Wirthschen Anwesen Hofhalde 12 von F. Hirsch aufgezeichneten *Spitzgraben*. Die Richtung dürfte stimmen. Die Querschnitte sind allerdings sehr verschieden. Sie wechseln sogar innerhalb der Grabenbreite. Die Ursache könnte in flüchtiger Arbeit oder in späteren Veränderungen zu suchen sein. Jedenfalls stellen diese Gräben die erste Tätigkeit des Ansiedlers auf dem bis dahin unberührten Boden dar. Der gelbliche Lehmsand zeigt die ursprüngliche Bodenbeschaffenheit an. Ihr wird sich auch der Mensch angepaßt haben. Demnach fiel also das Gelände im Zug der Mauer III nach Osten zu um 1,5 m ab. Dem paßt sich der Graben und die darüber sitzende Mauer an. Unter der Mauer im Graben B-B war wegen einer noch tiefer liegenden, wohl späteren aber noch römischen Kalkgrube (man könnte annehmen, daß der ursprüngliche Verteidigungsgraben als Abfallgrube und an dieser Stelle als Kalkgrube verwendet wurde) der Spitzgraben nicht zu finden. Weiter östlich im Graben A-A sind starke Veränderungen der ursprünglichen Schichtung vorhanden. Die Mauer ist hier umgefallen nach außen, der westlich anschließende Mauerteil scheint nach innen umgestürzt zu sein. In dem schon erwähnten Loch weiter nach Osten liegt wohl dieselbe Mauer. Ob die Mauer von selbst fiel, oder durch Untergraben umgestürzt wurde, könnte nur durch weitere Freilegung festgestellt werden. Jedenfalls wurde das Mauerstück schon in mittelalterlicher Zeit mit Schutt zugedeckt.

Säule. Daß zwischen der Erbauung der Mauer III und dem Zuschütten des Grabens darunter eine geraume Zeit verging, beweist der Fund der römischen Säule im Grabenstück D-D. Als die Mauer gebaut wurde, bemerkte man die darunter im Humus steckende Säule offenbar nicht, sonst hätte man sie entweder vermauert oder anderswo verwendet. Der Bauschutt über dem Humus muß auch schon gelegen haben, denn er entspricht etwa der Tiefe der Sohle, und daß man eine

Mauer auf die Oberfläche gesetzt hätte ohne in die Erde zu graben, ist wohl nicht glaublich. Daß die Säule römisch sein dürfte, zeigt ein Vergleich mit einer Säule aus dem Römerkastell (Römerbad in Eschenz) im Rosgartenmuseum, die abgesehen von der gleichen Form der Basis auch die gleiche steinmetzmäßige Behandlung zeigt. Die Säule wurde mit dem Spitzhammer oder Flächeisen vorgearbeitet und, den Spuren nach zu schließen, abgedreht. Dies war bei so kleinen Stücken und bei bruchfeuchtem Material leicht zu machen. Das Material der Säule ist ein gelblichgrauer Kalkstein mit weißlichen Einsprengungen. In Stein (Eschenz) handelt es sich um roten Sandstein.

Keller. Von der Hofhalde zugänglich ist ein stichbogenförmig gewölbter Keller. Das Gewölbe ist aus Backsteinen gemauert (Backsteinformat 27/12/6). Die Kellerwände sind aus Bruchstein. Die Mauer I geht durch. Gewölbe und Wände sind an sie angesetzt. Die got. Wendeltreppe, offenbar von einem anderen Platz hierher versetzt unter Erhöhung der Stufen, ist mit dem Gewölbe zugleich gebaut.

Die nun folgenden Schlußfolgerungen sind unabhängig von dem Ergebnis der Funde von Hauptlehrer Beck im April und von Prof. Dr. Revellio – Villingen. Diese Funde lassen natürlich ein Datieren der Schichten zu, in denen sie gefunden worden sind.

Älteste Mauern. Als älteste Mauern können die unteren Teile der Mauern I und II betrachtet werden. Sie liegen mit ihrer Sohle tiefer als der gewachsene Boden. Um die Mauern und die dazu etwa gehörenden Gebäude errichten zu können, mußte man also den gewachsenen gelben Lehmsandboden abgraben.

Die Mauer III sitzt auf dem gewachsenen Boden, ist also erst entstanden, nachdem verschiedene Zuschüttungen erfolgt waren.

Das Gelände fiel nach Süden und Südosten in schwacher Neigung ab. Die großen Terrainunterschiede, die heute im Verlauf des Grabens C-C an der Hofhalde rd. 3,70 m betragen, verteilten sich auf eine große Länge etwa vom Münsterportal der Südseite in dessen Nähe wohl die höchste Erhebung zu suchen sein wird, bis in die Hofhalde hinein. Die riesigen Mengen Erde, die zum Auffüllen der Terrasse im Lauf der Jahrhunderte gebraucht wurden, können nur an Ort und Stelle gewonnen worden sein, da man ja überall in der Stadt, wie man weiß, Auffüllmaterial brauchte, um immer wieder tiefliegende oder sumpfige Stellen bebauen zu können. Es ist naheliegend, an die verschiedenen Münsterbauten zu denken. Der Bauschutt wird wohl aus nicht allzuweiter Entfernung geholt worden sein. Es handelt sich auch in der Hauptsache nur um Mörtelbrocken. Das Steinmaterial wurde natürlich bei der Kostbarkeit nicht weit herzuholender Mauersteine wieder verwendet. Der Raum zwischen Mauer I und Mauer II wird Keller gewesen sein. Die Annahme wird wohl nicht weit fehl gehen, wenn die unteren Teile der Mauern I und II ins hohe Mittelalter gesetzt werden. Die Aufbauten und die Mauer III in das spätere Mittelalter. Genauer datierbar wären sie, wenn man die Fundamente der Verlängerungsbauten der Pfalz zum Vergleich heranziehen könnte. Die hohen Mauern, die den oberen Münsterhof nach Osten zu begrenzen, sind aus einer anderen Zeit. Sie sind mit Bruchsteinen ganz regelmäßig gemauert und haben Strebepfeiler. Eine Ausnahme macht das Mauerwerk des vorspringenden Teils, worauf das Biedermeiergartenhaus sitzt. Hier soll der Chor der Pfalzkapelle gestanden sein.

Ob die Mauer II und III bis ins 19. Jahrhundert hinein als Fundamente der darüber stehenden Fachwerkbauten gedient haben, ist nicht wahrscheinlich. Die wohl nicht tief reichenden Fundamente dieser Bauten werden wohl beim Abbruch 1813 mit herausgebrochen worden sein. Besonders da in den Akten immer darauf hingewiesen wird, wie baufällig diese Bauten gewesen sind.

Eher ist daran zu denken, daß die Mauern zu einer Umwehrung der Bischofsburg gehört haben, die später überbaut wurde.

Querlaufende Mauern wurden bisher nicht gefunden. Die Keller sind wohl aus einer noch späteren Zeit, etwa aus dem 16. und 17. Jahrhundert. Man könnte bei den Münsterrestaurationen der Barockzeit entfernte Bauteile zum Bau der Keller verwendet haben. Sie wurden wohl gebaut, als die Fachwerkbauten darüber erstellt wurden. Mit den Wackenmauern sind sie ohne jeden Zusammenhang.

Der schwarze Humus, mit dem die Gräben und die Kalkgruben der Römerzeit gefüllt sind, wird aus der Zeit nach der Völkerwanderung stammen. In ihm sind ja auch römische Scherben gefunden worden. Der Bauschutt darüber kann auch z. T. aus dieser Zeit sein. Der feine Sand ist derselbe, der auch unter dem Münster vorkommt. Die im Graben B-B vorkommenden Sandsteinsplitter werden von Steinmetzarbeiten am Münster herrühren.

gez. P. Motz

Auszug aus einem Schreiben von P. Motz an den Oberbürgermeister

25. Juli 1931
Ausgrabungen auf dem oberen
Münsterhof (Pfalzgarten)

An den Herrn Oberbürgermeister der Kreishauptstadt Konstanz

In der Anlage gestatte ich mir, zwei Ausfertigungen der endgültigen Aufnahmen der Ausgrabungsergebnisse einschließlich der Grabungen in der Pfingstwoche vorzulegen.

Es sollten jetzt noch photographische Aufnahmen der einzelnen Mauerstücke, die den Mauerverband genau erkennen lassen, gemacht werden, um bei weiteren Grabungen Vergleiche anstellen zu können.

Ich bin bereit, die Aufnahmen gegen Vergütung der Unkosten zu machen.

Ferner sollten noch die Gesteinsarten der verwendeten Wacken und Bruchsteine durch einen Sachkundigen festgestellt werden, damit wiederum mit bereits früher gefundenen und noch später anzuschneidenden Mauerresten auch betr. Materialverwendung Untersuchungen angestellt werden können.

Es scheint jetzt festzustehen, daß die gefundenen Mauerzüge weder aus römischer Zeit noch aus nachmittelalterlicher Zeit herrühren, sondern die Fundamente mittelalterlicher Bauten der Bischofsburg darstellen, von denen uns soviel wie nichts bekannt ist. Jedenfalls lassen sie auf eine bedeutende Bautätigkeit der Bischöfe schließen.

Die Mauer an der Hofhalde wurde für spätere Bauten der nachmittelalterlichen Zeit, die darauf aufbaute, wieder benützt. Eine Terrasse war nie vorhanden.

. . . Es erhebt sich nun die Frage, was mit den Gräben und dem Platz der Ausgrabungen geschehen soll. Nach den Erfahrungen bisher, scheint die Ausbeute an römischen Funden bemerkenswertes Neues nicht mehr an dieser Stelle zu bringen. Im großen und ganzen ist das Resultat des Suchens nach dem römischen Kastell negativ gewesen. Aber auch dieses Ergebnis ist wichtig für die Beurteilung der frühen Stadt.

Nun hat aber unserer Kenntnis gerade der frühmittelalterlichen Geschichte der Bischofsburg große Lücken, die zu schließen wertvoll genug wäre. Ich möchte deshalb die Anregung geben, Herrn Geheimrat Prof. Dr. Beyerle – München, den Verfasser des II. Teils unseres Häuserbuchs, der in nächster Zeit wohl nach Konstanz kommen wird, um seine Ansicht zu bitten. Vielleicht ist er durch seine große Kenntnis der alten Konstanzer Geschichte und der Urkunden in der Lage, Aufschlüsse zu geben, die zur Deutung der Mauerzüge genauere Anhaltspunkte bieten.

Dann wird man sich entschließen können, ohne den Vorwurf, etwas versäumt zu haben, später einmal hinnehmen zu müssen, den Platz wieder einzuebnen.

. . . Über das Grabungsergebnis und die Funde wird der Bericht von Herrn Prof. Dr. Revellio – Villingen, Aufschluß geben.

gez. P. Motz

Liste der römischen Kaiser

Augustus	30 v. Chr. – 14 n. Chr.
Tiberius	14 – 37
Caligula	37 – 41
(Caius Caesar Germanicus)	
Claudius I.	41 – 54
Nero	54 – 68
Galba	68 – 69
Otho	69
Vitellius	69
Vespasian	69 – 79
Titus	79 – 81
Domitian	81 – 96
Nerva	96 – 98
Traian	98 – 117
Hadrian	117 – 138
Antoninus Pius	138 – 161
Lucius Verus	161 – 169
Marc Aurel	161 – 180
Gegenkaiser Avidius Cassius	176
Commodus	180 – 192
Pertinax	193
Didius Julianus	193
Septimius Severus	193 – 211
Gegenkaiser Albinus in Britannien	193 – 197
Gegenkaiser Pescennius im Osten	193 – 194
Caracalla	211 – 217
(Marcus Aurelius Severus Antoninus)	
Geta	211 – 213
Macrinus	217 – 218
Elagabal	218 – 222
(Marcus Aurelius Antoninus	
Varius Avitus Bassianus)	
Severus Alexander	222 – 235
Maximinus Thrax	235 – 238
Gordianus I.	238
Gordianus II.	238
Pupienus	238
Balbinus	238
Gordianus III.	238 – 244

Maximianus Herculius	286 – 305
Gegenkaiser Carausius in Brittanien	286 – 293
Gegenkaiser Allectus in Brittanien	293 – 297
Gegenkaiser Domitius Domitianus in Ägypten	296 – 297
Constantius I. Chlorus	305 – 306
Galerius	305 – 311
Maxentius	306 – 312
Licinius	308 – 324
Gegenkaiser Alexander	309 – 311
Constantin I.	312 – 337
Constantin II.	337 – 340
Constans I.	337 – 350
Constantius II.	337 – 361
Gegenkaiser Magnentius in Gallien	350 – 353
Gegenkaiser Vetranius in Illyrien	350
Gegenkaiser Nepotianus	350
Gegenkaiser Silvanus in Köln	355
Julian Apostata	361 – 363
Jovianus	363 – 364
Valentinian I.	364 – 375
Valens	364 – 378
Gegenkaiser Procopius im Osten	365 – 366
Gratian	367 – 383
Valentinian II.	375 – 392
Gegenkaiser Magnus im Westen	383 – 388
Theodosius I.	379 – 395
Gegenkaiser Eugenius im Westen	392 – 394
Arcadius	395 – 408
Honorius	393 – 423

Es folgten weitere zwölf in der offiziellen Liste anerkannte Kaiser und vier Gegenkaiser, die hier nicht mehr aufgenommen wurden, da die Römer aus der Bodensee- und Hochrheinregion um 400–410 abzogen und die auf Honorius folgenden Kaiser für das vorliegende Buch uninteressant sind.

Von den hier aufgeführten Kaisern endeten allein 39 durch Mord oder Selbstmord, von den Gegenkaisern und Usurpatoren 28. Von den Kaisern fielen fünf bei kriegerischen Auseinandersetzungen.

Anmerkungen

Bemerkungen zu einer vorrömischen Siedlung

1 Das Material wurde im Jahre 1981 von J. Oexle und M. Juhnkes gesichtet.
2 Ein erster Bericht erschien in: Archäologische Ausgrabungen in Baden-Württemberg, 1984, 76 f.
3 W. Kimmig 1986 auf einer Tagung in Koblenz in einem Diskussionsbeitrag zu den keltischen Funden in Konstanz
4 R. Cordie-Hackenberg/J. Oexle, Spätlatènezeitliche Siedlungsfunde aus Konstanz, Brückengasse 5 – 7, Archäologische Ausgrabungen in Baden-Württemberg, 1984, 78

Die Topographie von Konstanz

1 O. Ammon, Das älteste Konstanz, Schriften des Vereins für Geschichte des Bodensees und seiner Umgebung 13, 1884, 127
2 Gutachten der Bundesanstalt für Wasserbau vom 22. 5. 1981 und vom 6. 10. 1983 (befinden sich beim Tiefbauamt Konstanz)
3 So u. a. G. Spahr, Zur Geschichte der Benediktinerabtei Petershausen 983 bis 1802, 1000 Jahre Petershausen, Beiträge zur Kunst und Geschichte der Benediktinerabtei Petershausen in Konstanz, 1983; Casus monasterii Petrishusensis, Monumenta Germaniae historica, Script. XX 0868, 621–683
4 H. v. Petrikovits, Möglichkeiten der archäologischen Erforschung des römischen Konstanz, Gutachten für das Stadtarchiv Konstanz 1957
5 K. Eiermann, Die Baugeschichte der Stadt Konstanz – von ihren Anfängen bis ins neunzehnte Jahrhundert und der Stadtgrundriß, Konstanz, seine baugeschichtliche und verkehrswirtschaftliche Entwicklung, Festschrift des Architekten- und Ingenieur-Vereins Konstanz (Hrsg. P. Motz), 1925
6 Freundlicher Hinweis von Hubert Lehn, Limnologisches Institut Konstanz

Die Okkupation des nördlichen Alpenvorlandes

1 K. Kraft, Die Rolle der Colonia Julia Equestris und die römische Auxiliarrekrutierung, Jahrbuch des Römisch-Germanischen Zentralmuseums Mainz 4, 1957, 90 ff.
2 K. Christ, Chiron 7, 1977, 149 ff. und 200
3 D. Timpe, Zur Geschichte und Überlieferung der Okkupation Germaniens unter Augustus, Saeculum 18, 1967
4 W. Dahlheim, Geschichte der römischen Kaiserzeit, 1984
5 Ph. Filtzinger, Die Römer in Baden-Württemberg, 1976, 30
6 Christ a. a. O. 200
7 F. Fischer, P. Silius Nerva, Germania 54, 1976, 154
8 Sueton, Tib. 9,1
9 F. Schön, Die Anfänge des römischen Rätiens, Diss. Regensburg, 1982
10 H. Urner-Astholz, Die römerzeitliche Keramik von Eschenz-Tasgetium, 1942, 17
11 C. M. Wells, The German Policy of Augustus, 1972
12 R. Frei-Stolba, Die römische Schweiz, Aufstieg und Niedergang der römischen Welt, (Hrsg. Temporini) Bd. 5, 1976
13 S. v. Schnurbein, Die Besetzung des Alpenvorlandes durch die Römer, Die Römer in Schwaben, Arbeitsheft 27, Bayerisches Landesamt für Denkmalpflege, 1985, 22 f.

Geschichte der Forschung in Konstanz

1 Die Zeichnung befindet sich im Rosgartenmuseum in Konstanz.

155

Zu einem frühkaiserzeitlichen Kastell in Konstanz

1 U. a. O. Ammon, Das älteste Konstanz, a. a. O. 119 ff; A. v. Hofmann, Die Stadt Konstanz, 1922, 17; H. v. Petrikovits, a. a. O.; P. Revellio, Die Besetzung des Bodensee- und Oberrheingebietes durch die Römer, Bad. Fundberichte II, 1929–1932, 342; A. Beck u. a. Mauerring und Wohntürme der Altstadt Konstanz, Schriften des Vereins für Geschichte des Bodensees und seiner Umgebung 78, 1960, 134 f.; ders., Das römische Kastell in Konstanz, Vorzeit am Bodensee 1961/62, 10, 36; ders., Konstanz bis zum Ende der Römerherrschaft, Badische Heimat Heft 3, 1953, 224; G. Nagel, Das mittelalterliche Kaufhaus, 1971, 122; Ph. Filtzinger, Kastell Tuttlingen, Fundberichte aus Baden-Württemberg 1, 1974, Karte 421; Ch. Unz, Grinario – das römische Kastell und Dorf Köngen, Führer zu archäologischen Denkmälern in Baden-Württemberg 8, 1982, Karte 25
2 Florus II, 30 (in Rheni quidem ripa quinquaginta amplius castella direxit)
3 H. Nesselhauf, Umriß einer Geschichte des obergermanischen Heeres, Jahrbuch des Römisch-Germanischen Zentralmuseums Mainz 7, 1960, 245
4 Die Zeichnung befindet sich beim Stadtarchiv Konstanz.
5 P. Motz, Ausgrabungen auf dem oberen Münsterhof in Konstanz, H. Maurer, Konstanz als ottonischer Bischofssitz, Studien zur Germania Sacra 12, 1973
6 W. Erdmann/A. Zettler, Zur Archäologie des Konstanzer Münsterhügels, Schriften des Vereins für Geschichte des Bodensees und seiner Umgebung 95, 1977, 20 ff.
7 P. Revellio, Grabungen auf dem Münsterhügel in Konstanz, Bad. Fundberichte II, 1929–1932, 341
8 W. Erdmann/A. Zettler a. a. O. 29
9 H. Stather, Konstanzer Grabungsberichte, 1984, 12 f.
10 H. v. Petrikovits, a. a. O.
11 G. Fingerlin, Konstanz, Ph. Filtzinger, Die Römer in Baden-Württemberg, 1976, 41 f.
12 W. Drack/R. Fellmann, Die Römer in der Schweiz, 1988, 418
13 P. Revellio a. a. O. (Die Besetzung . . .), 342

Der römische vicus

1 Freundlicher Hinweis von J. Oexle
2 Eine handschriftliche Notiz von L. Leiner befindet sich im Rosgartenmuseum in Konstanz.
3 Freundlicher Hinweis von J. Oexle
4 L. Leiner, Die Entwicklung von Konstanz, Schriften des Vereins für Geschichte des Bodensees und seiner Umgebung 11, 1882, 82
5 Freundlicher Hinweis von J. Oexle
6 F. Schober, Das alte Konstanz, Stadt und Diözese in Schrift und Kunsthandwerk, Naturschönheiten in Stadt und Diözese, Organ des Münsterbauvereins, Teil III, 1881, 38 f.
7 L. Leiner, Die Entwicklung a. a. O. 82
8 H. Stather, a. a. O. 41
9 F. Schober, a. a. O. 38
10 H. Stather, a. a. O. 56, Abb. 2
11 J. Aufdermauer/H. Stather, Fundbericht beim Landesdenkmalamt Baden-Württemberg, Außenstelle Freiburg, Arch. Denkmalpflege
12 W. Erdmann, Zur archäologischen und baugeschichtlichen Erforschung der Pfalzen im Bodenseegebiet, Deutsche Königspfalzen, 1979, 186 und Anm. 278

Die Funde

1 Freundlicher Hinweis von J. Oexle
2 K. Christ, Die Fundmünzen der römischen Zeit, Deutschland, Abt. II, Bd. 1, 1963

Die Lage in den Grenzprovinzen im 3./4. Jahrhundert

1 H. Kühner/Matt, Die Cäsaren, 1964
2 R. Christlein, Die Alamannen, Die Archäologie eines lebendigen Volkes, 2. Aufl. 1979, 22
3 Dietz/Osterhaus, Regensburg zur Römerzeit, 2. Aufl. 1979, 115
4 H. J. Kellner, Die Römer in Bayern, 2. Aufl. 1972
5 W. Walke, Das römische Donaukastell Straubing-Sorviodurum, Limesforschungen 3, 1965; H. J. Kellner, a. a. O. 139
6 Freundlicher Hinweis von K. Batsch
7 C. Berger, Zu zwei Problemen der spätrömischen Schweiz – Die Zerstörungen der Jahre 259/60 im schweizerischen Mittelland, Jahrbuch der schweizerischen Gesellschaft für Ur- und Frühgeschichte 59, 1976, 203 ff.
8 B. Overbeck, Das Alpenrheintal in römischer Zeit, Teil 1, Münchner Beiträge zur Vor- und Frühgeschichte 20, 1982, 198
9 M. Rostovtzeff, Geschichte der Alten Welt, Sammlung Dieterich 73, 1942, 409
10 Cicero, de republica I, 39; hierzu auch die Definition durch Augustinus, de civitate dei 19, 21 f.
11 Ph. Filtzinger a. a. O. 108
12 Ders. a. a. O. 111
13 Ammian u. a. 28, 5, 15; 31, 10

Zu einem spätantiken Kastell

1 So u. a. J. Garbsch, Der spätrömische Donau-Iller-Rhein Limes, Kleine Schriften zur Kenntnis der römischen Besetzungsgeschichte Südwestdeutschlands, 1970, Faltblatt; H. J. Kellner, a. a. O., Karte, 156 f.
2 So u. a. L. Leiner, Die Entwicklung a. a. O. 90; G. Schmidt, Konstanz am Bodensee, 1884, 3; Maurer/Beyerle/Hirsch, Das Konstanzer Häuserbuch, 1908, 168; A. Beck, Neue römische Funde in Konstanz, Bad. Presse v. 1. 5. 1931; ders., Konstanz zur Römerzeit und das Kastell am Münsterplatz, Schriften des Vereins für Geschichte des Bodensees und seiner Umgebung, Heimatkundliche Mitteilungen 1, 1941, 10; ders., Ostrand des Römerkastells gefunden, Südkurier v. 21. 7. 1956; ders., Erlebtes Altertum, Konstanzer Almanach 1958, 57 ff.; G. Gröber, Das Konstanzer Münster, 1948; Th. Humpert, Chorherrenstift und Pfarrei der Kirche St. Stephan zu Konstanz, 1957, 1; O. Feger, Geschichte des Bodenseeraumes, Bd. 1, 1971, 66; A. Tanner, Die römischen Kastelle, 1978, 172 und 256; W. Drack, Die spätrömische Grenzwehr am Hochrhein, Archäologischer Führer der Schweiz, 13, 1980, 47; W. Drack/R. Fellmann, Die Römer a. a. O. 418
3 A. Beck, Das römische Kastell in Konstanz, Vorzeit am Bodensee 1961/62
4 Nur in ganz wenigen Fällen, so etwa auf der Sponeck am Kaiserstuhl, ist die Berme schmäler, doch ist dies geländebedingt.
5 Das Grabungstagebuch G. Bersus wurde erstmals veröffentlicht in H. Stather, Die römische Militärpolitik am Hochrhein unter besonderer Berücksichtigung von Konstanz, 1986; es befindet sich heute beim Landesdenkmalamt – Außenstelle Freiburg.
6 Die handschriftliche Stadtchronik von Ch. Schulthaiß, befindet sich im Stadtarchiv Konstanz.
7 W. Erdmann, Pfalzen a. a. O. 186
8 U. a. B. Heukemes, Der spätrömische Burgus von Lopodunum-Ladenburg a. N., Fundberichte Baden-Württemberg 6, 1981, 433 ff.; weitere solche Anlagen finden sich insbesondere im pannonischen Raum, hierzu u. a. J. Fitz, Der römische Limes in Ungarn, Taschenbuch für die Teilnehmer am XI. Intern. Limes-Kongreß 1976; S. Soproni, Der spätrömische Limes zwischen Esztergom und Szentendre, 1978

1 H. J. Kellner, a. a. O. 2. Aufl. 1972, 174; Ph. Filtzinger, Die Römer a. a. O. 1976, 100 (in der Neuauflage 1986 erscheint diese Gleichsetzung nicht mehr)
2 Notitia Dignitatum occ. 35, 32
3 So u. a. F. Stähelin, Die Schweiz in römischer Zeit, 3. Aufl., 1948, 313 u. 316
4 H. Lieb, Lexicon topographicum der römischen und frühmittelalterlichen Schweiz, Bd. 1, 1967
5 W. Drack/R. Fellmann a. a. O. unter »Arbon«
6 O. Feger a. a. O. 49 f.
7 H. J. Kellner, Schriftwechsel mit dem Verfasser
8 K. Beyerle, Der älteste Name von Konstanz, Schriften des Vereins für Geschichte des Bodensees und seine Umgebung 45, 1916, 9
9 H. Maurer, Konstanz als ottonischer Bischofssitz a. a. O. 56

Ortsverzeichnis

Grabung Bersu am nördlichen Münsterplatz, römischer Estrich
(Photo A. Beck)

Römischer Griffel,
Fundort: Ufer der Reichenau

Römisches Lot,
Fundort: westlicher Münsterplatz

Fibel, Fundort: südlicher Stephansplatz

Römischer Topf,
Fundort: Hussenstraße 8

Barbotineverziertes Gefäß,
Fundort: südlicher Stephansplatz

Römisches Tongefäß, Grabbeigabe
vom südlichen Stephansplatz

Barbotineverziertes Gefäß
von der Wessenbergstraße

Römische Bronze,
wahrscheinlich aus Konstanz

Figur einer römischen Göttin,
Fundort: nördlicher Münsterplatz

Figur von einer römischen Gigantensäule, Fundort: Kloster Petershausen

Römische Öllampe, Fundort: Sankt Johann

Kastellmauer in Zurzach